姜芳芳 ◎ 著

# 财税思维

**重塑财税思维　老板思维必备**

中国商业出版社

图书在版编目（CIP）数据

财税思维：重塑财税思维，老板思维必备 / 姜芳芳著. -- 北京：中国商业出版社，2023.8
ISBN 978-7-5208-2557-3

Ⅰ.①财… Ⅱ.①姜… Ⅲ.①企业管理—财务管理—中国②企业管理—税收管理—中国 Ⅳ.①F279.23 ②F812.423

中国国家版本馆CIP数据核字(2023)第136840号

责任编辑：郑　静
策划编辑：刘万庆

中国商业出版社出版发行
（www.zgsycb.com　100053　北京广安门内报国寺1号）
总编室：010-63180647　　编辑室：010-83118925
发行部：010-83120835/8286
新华书店经销
香河县宏润印刷有限公司印刷

\*

710毫米×1000毫米　16开　14.5印张　180千字
2023年8月第1版　2023年8月第1次印刷
定价：68.00元

\*\*\*\*

（如有印装质量问题可更换）

# 推荐序

和本书的作者姜芳芳认识已有20年，认识她的时候她还是我的一名学生。可以说，从求学到求职，再到创业，直到今天的财经作者，我见证了她的每一步成长和蜕变。春天的时候，她告诉我说她要写一本关于财税思维的书，我听后内心既忐忑又兴奋，忐忑的是她不是一个专业的理论工作者，兴奋的是她是一个能把理论和实践有效结合并突出实践作用的实践型作者。加之她是财经专业毕业的，毕业后20年又一直从事与财税相关的工作，在这期间为众多创业者和企业家进行过财税方面的指导和服务。因此，对于企业的财税，以及企业管理者的商业思维和商业模式，她有着更深的理解和认知。

如今本书在经历了11次修改后终于定稿，我悬着的心也算落了地。作为本书的第一读者，我为她直击要害的财税思维方式所感动。

在当今世界，财税问题已经成为全球企业和政府必须面对的重要议题。如何理解财税政策的含义和目标，以及如何制定和实施相应的措施，是每个企业管理者、创业者及从事金融、税务工作的人员甚至政治、法律等领域的人所必须掌握的重要技能。但是，由于财税政策的复杂性和多变性，很多人在实践中总会遇到许多困难和挑战。

《财税思维》一书正是为了解决这些问题而写的。它从财税政策的理论背景出发，详细介绍了财与税的实践要点，上篇包括如何设置财务部门、如何看懂财务报表以及如何通过财务分析掌控企业风险、控制成本、编制预算以及进行资本投资等；下篇详细介绍了税务风险和各类税种的纳税筹划、发票与合同的涉税风险等方面。

此外，这本书还重点关注了中国财税政策的现状和发展趋势，对中国现行税收制度的特点和局限进行了深入分析，并提出了一些具有针对性的政策建议。

总之，这本书不仅为财税工作者和税务从业者提供了实用的工具和信息，还为广大读者提供了理解财税政策的基础知识和思维方式，帮助读者更好地理解财税政策的本质和意义。

青岛理工大学原副校长，管理学教授　齐德义

# 前言

## 用财税思维管理企业

　　财务管理和税务管理是企业经营过程中不可缺少的重要内容。一方面，企业的一切经营活动都离不开财务管理的监督和调控，如预算、成本、现金、资产、生产、销售、库存、投融资等；另一方面，企业所有与财务运作相关的事宜都必须与税务管控紧密结合，如增值税、企业所得税、个人所得税、发票、合同等。因此，作为企业最高管理者，必须具备财税思维，懂得以财税思维管理企业，才能不断修正企业当前存在的财务问题，避免企业可能面临的税务风险，达到持续提高企业经济效益和促进企业良性发展的目的。

　　但是，实际情况却与理想状态相去甚远，许多企业管理者并不具有财税思维，更不懂得财务与税务的相关事宜，导致在企业经营过程中深埋财税危机却浑然不知，直至危机爆发才明白财税思维对企业管理的重要作用。由此可见财税不只是财务部门的工作，更是企业管理者必备的能力之一。

　　企业管理者必须与企业财税实务同频，才能做到深入掌握企业的经营状况与发展状况，达到平衡全局的目的。为了帮助企业管理者建立财税思维，了解财税相关事宜，并提升财税管理能力，笔者编写了本书。

　　本书分为财务和税务两部分，财务部分共十章，从财务思维与企业管理切入，将财务部门的设立、财务状况的分析，结合预算、成本、现金、资产和投融资运作，全面深入地阐述了企业管理中所涉及的财务事宜；税务部分共七章，主要介绍了税务风险与纳税筹划的内容，将税务管控中必然会涉及的问题全部罗列并阐述。

本书最大的特点是：语言浅显简练，内容直击要害。本书规避了目前市场上相关图书普遍存在的如理论性过强、容易与现实脱节、应用性不够、过于专业等问题。为了编写好本书，笔者花费了大量时间搜集、阅读相关资料，以通俗代替专业，却不失专业和实操性，即便没有专业财税知识的人也能轻松看懂，即使具备一定深度的财税知识的人在读后也依然会有收获。正因如此，本书具有以下特色：

（1）通俗易懂：这是本书的核心，既能轻松入门，也能深入浅出。

（2）与时俱进：这是本书的主旨，理论与案例必须适用现行相关财税法律法规。

（3）案例丰富：这是本书的精华，大量案例与实务紧密结合，极具指导作用。

（4）体例新颖：这是本书的关键，避免长篇大论，注重层次清晰、语言简练。

本书是从财税从业者的角度写作的，素材来自笔者大量的工作实务。每一章都从企业经营实际而不是从教科书的财税理论出发。书中应用的是最新的财税政策，对实务中最根本、最易混淆的问题进行了深入解析，以最大限度达到读者能"看了就会，会了就用，用了就行"的效果。

本书从企业运营的本质出发，立足于财税管控，借助丰富的图表、案例和情景设定，精准把控企业当前的财务管理水平和税务运营风险，并对企业财税管控体系的建立与运行进行了深入剖析，力求为企业管理者提供企业财税管控的完整思路。

编写一本高质量的书籍是一项辛苦但非常有意义的工作,希望阅读此书的每一位企业管理者都能从中获益,学会运用财税思维管理企业。

"路漫漫其修远兮,吾将上下而求索。"尽管笔者已尽最大努力,但由于水平有限,书中难免存在错漏之处,请读者不吝赐教,鞭策笔者不断进步。

感谢阅读此书,期待与大家共同成长!

# 目录

## 上篇　财务思维

**第一章　用财务思维指导企业管理 / 2**

　　第一节　管理者必须具备的财务理念 / 2

　　第二节　管理者的新财务思维架构 / 4

　　第三节　将企业财务与企业业务相融合 / 6

**第二章　合理设置财务部门架构 / 9**

　　第一节　财务部门的职能 / 9

　　第二节　财务部门的岗位设置 / 15

**第三章　掌握财务报表背后的逻辑 / 18**

　　第一节　资产负债表 / 18

　　第二节　利润表 / 23

　　第三节　现金流量表 / 28

　　第四节　做好财务报表的管控 / 32

**第四章　通过财务分析为企业全面体检 / 35**

　　第一节　管理者应掌握的财务分析方法 / 35

　　第二节　企业的财务风险与短期偿债能力 / 37

　　第三节　企业的资本结构与长期偿债能力 / 39

1

第四节　企业的盈利能力与利润"含金量" / 40
第五节　企业的资产管理水平与营运能力 / 43

第五章　编制全面预算，保障业财融合 / 47
第一节　企业全面预算的指标与公式 / 47
第二节　构建全面预算管理体系 / 50
第三节　全面预算编制方法 / 53
第四节　全面预算执行的跟踪与控制 / 55

第六章　用财务思维重新认识降本增效 / 57
第一节　成本性态分析 / 57
第二节　成本管控分析 / 59
第三节　生产成本管控 / 61
第四节　人力成本管控 / 64
第五节　材料成本管控 / 66
第六节　库存成本管控 / 69
第七节　费用成本管控 / 71

第七章　财税思维的核心是"现金为王" / 75
第一节　现金的最佳持有量 / 75
第二节　资金安全管控措施 / 77
第三节　加强银行存款管控 / 81
第四节　资金周转速度 / 83

第八章　"应收账款"是企业的编外资金 / 85
第一节　应收账款产生的成本 / 85
第二节　应收账款的三种管理方法 / 87

第九章　合理利用固定资产，减少资金占用 / 90
第一节　依法定义固定资产 / 90

第二节　固定资产管控要点 / 93

**第十章　用财务思维布局资本运作 / 97**

第一节　投融资过程中的财务要求 / 97

第二节　企业资金需求预测 / 100

第三节　企业融资渠道汇总 / 103

第四节　企业投资决策的重要理念 / 109

第五节　企业投资决策的方法 / 112

## 下篇　税务思维

**第十一章　管理者必备的税务风险认识与纳税筹划能力 / 116**

第一节　税务风险分析 / 116

第二节　税务风险控制 / 120

第三节　纳税筹划的形式、目标、原则 / 123

第四节　纳税筹划的方法 / 125

第五节　纳税筹划的风险 / 127

**第十二章　增值税风险管控与纳税筹划 / 130**

第一节　增值税征收规定 / 130

第二节　增值税管理 / 133

第三节　增值税的涉税风险 / 136

第四节　增值税的纳税筹划 / 139

**第十三章　企业所得税风险管控与纳税筹划 / 146**

第一节　企业所得税计算 / 146

第二节　企业所得税费用把控 / 147

第三节　企业所得税的涉税风险 / 149

第四节　企业所得税的纳税筹划 / 152

## 第十四章　个人所得税风险管控与纳税筹划 / 159

第一节　个人所得税计税方法 / 159

第二节　个人所得税稽查项目 / 162

第三节　个人所得税的涉税风险 / 164

第四节　个人所得税的纳税筹划 / 168

## 第十五章　其他税种与业务经营的纳税筹划 / 174

第一节　其他税种纳税筹划 / 174

第二节　企业生产经营的纳税筹划 / 181

第三节　企业融资的纳税筹划 / 187

第四节　企业投资的纳税筹划 / 193

## 第十六章　发票的涉税风险 / 199

第一节　合规使用发票 / 199

第二节　不可以开具增值税专用发票的情况 / 205

第三节　虚开增值税发票的法律风险 / 208

## 第十七章　合同的涉税风险 / 211

第一节　合同的风险防范 / 211

第二节　合同履行过程中的法律风险 / 215

第三节　通过合同合理避税 / 217

后记 / 219

# 上篇　财务思维

# 第一章 用财务思维指导企业管理

## 第一节 管理者必须具备的财务理念

管理者带领企业在竞争中求生存、求发展，需要各种理念和实力的支撑，其中就包括财务理念。财务理念如同管理者的第三只眼，能帮助管理者看得更深、更远，让管理者更清晰地了解企业经营中存在的显性问题和潜在隐患，通过财务分析与管控措施，科学合理地控制企业风险。

**资金的时间价值理念**

资金的时间价值是指货币随着时间的推移发生的增值，也是资金周转使用后的增值额，因此也称为货币的时间价值。

之所以会有资金的时间价值概念，是因为资金经过一定时间的合理运用后，必然具有盈利增值的潜在能力。因此，在不考虑投资风险和通货膨胀因素的情况下，一笔数额相同的资金在不同的时间点上，其经济价值是不同的。资金的时间价值体现了资金在时间流逝中的成本，即损失或消耗的时间价值就是其成本的组成部分，在计算资金成本和资金所得时，要将时间成本计算在内。

资金的时间价值一般以复利公式进行计算，即现在拥有的一定数量的资金，等价于若干年后溢价数量的一笔资金；同理，若干年后的一笔资金折算为现值时也要打一定的折扣，即折现率。

**合理的资本结构理念**

资本结构是企业各种资本的构成及其比例关系。企业资本结构问题就是企业负债资本的比例问题，即负债在企业全部资本中所占的比重。

影响企业资本结构的因素包括：企业所在行业、企业的发展阶段、企业的财务状况、企业的资产结构、企业的产品销售情况、企业的税务筹划能力等。此外，投资者和管理人员的态度，贷款人和信用评级机构的评判标准等也会影响企业的资本结构。

较好的资本结构，既要考虑大股东的控制权因素，也要考虑综合资本成本，从而优化企业投融资行为。因此，资本结构是企业投融资决策的核心影响因素。

企业管理者必须综合考虑有关影响因素，运用恰当的方法将企业的资本结构稳定在合理范围内，以确保企业的经济效益和持续发展。

**内部的有效控制理念**

企业内部控制是指通过在企业内部采取一系列方法、规章与措施，进行的自我调整、约束、规划、评价的综合性控制，目的是确保企业实现经营目标。

强调企业管理者必须要具备企业内部有效控制理念，不仅是为了更加合理、高效地管理企业，更是为了保护企业的资金安全完整，保证会计信息资料的正确安全可靠。一项全球权威的商业欺诈调查结果显示，所调查的30个国家的400家企业中，在过去两年内有过半数的企业遭受过一次严重的欺诈，其中最严重的欺诈案竟是内部人员所为。因此，内部控制就是要时刻提醒企业管理者必须提高对企业内部财产盗用和商业机密泄露的控制。对已经实施内部控制的企业进行的相关跟踪调查结果显示，有效的内部控制能极大地提高企业的经营效果和经济收益。

**投资的风险管控理念**

世界上唯一确定的就是不确定性。风险就是遭受损失的不确定性。想要高收益，就要承受高风险，但是承受了高风险，却未必一定会得到高收益，但这并不影响风险和收益的正比例关系。因此，激进型投资者偏向于高风险以获得更高的利润，稳健型投资者则更注重安全性以降低风险。

企业在经营过程中都会出现投资行为，以增加企业的资金流动性和增强企业的发展纵衡度。但投资就会遭遇未来的不确定性，就会产生风险，成功的投资可以让企业资金量扩容，失败的投资不仅严重消耗企业资金，还可能会将企业拖入下滑的轨道。因此，企业投资的风险控制是管理者必须要做的一项工作，做好的前提是要具备投资的风险管控理念。

在进行投资决策时，管理者不仅要关注投资项目成功带来的预期利润，更要预见潜在风险威胁与可能造成的不利后果，能够提前想好恰当的风险回避和控制措施来规避风险，避免损失。

## 第二节 管理者的新财务思维架构

随着时代的不断变化，经济发展模式也在不断发生变化，企业经营和附着于企业经营之上的各个方面也必定要发生变化，财务管理便是其中的一项。

作为企业管理者，必须要构建出新环境新趋势下企业的新的财务思维架构，以跟上市场和时代的发展变化。

**利润导向→现金导向**

随着企业经营模式的发展和市场环境的变化，利润导向型的企业越来越难以获得长足发展,因为以利润管理为目标的企业容易陷入追求眼前利润的局限中,难以体现出更大的格局和价值,不利于企业自身的长期的价值增长。

利润并不绝对代表成绩,如果企业的账面利润很高,但日常运营却没有足够的现金流,说明企业所赚取的利润是虚无的,对于企业发展来说没有实际意义。这样的企业在现实中并不少见,一年赚了多少钱都在账面上,实际经营却因为现金流不通畅而举步维艰。

因此,企业管理者须确立"现金为王"的财务管理新理念,合理运用和科学评价企业的现金流能力,了解企业当前的现金流状况,为企业价值创造和长期发展提供最大资金支持。

**每股盈余导向→每股经营性净现金流入导向**

每股盈余也称为每股税后利润、每股盈利,是税后利润与股本总数的比率。每股盈余导向的优势在于通过衡量普通股的获利水平和投资风险,了解企业的经营成果,进而评价企业的盈利能力。但因为考虑到资金的时间价值和风险价值,容易导致经营行为短视化。

为了弥补这一缺陷,将企业经营拉回长期目标,企业管理者须树立每股经营性净现金流入导向的财务管理新理念。净现金流量越大,企业的偿债能力越强。而经营性净现金流量越通畅,证明企业的财务状况越好。

**流动比率管理导向→营运资金管理导向**

流动比率是流动资产对流动负债的比率,企业管理者可凭此判断企业的偿债能力,但无法评估企业未来的资金流量,不能反映企业资金融通状况,同时表现出应收账款的偏差性等缺点。无数事例证明,流动比率高的企业并不一定有强偿债能力,因为一些企业的资产负债结构不合理,营运流动资金不足。

这就引出了营运资金管理导向的新理念，现代企业管理者必须始终践行该导向。它除了兼具流动比率管理导向的作用外，还能够弥补流动比率管理导向的缺点，并能控制存货、应收账款和预付账款的风险。

### 利润最大化导向→企业价值最大化导向

此理念与"利润导向→现金导向"有相近之处，都是要摒弃单纯的利润追逐。因为利润虽然关联企业的盈利能力，但存在追求短期利益的陷阱。

时代的发展要求现代企业管理者必须坚持企业价值最大化导向的财务管理新理念，其充分考虑了资金的时间价值，有利于追求股东利益价值的最大化。

### 被动风险管理导向→主动风险管理导向

被动风险管理是哪里出现问题，管理再跟到哪里，企业各级管理者成为"救火队长"，但因是被动型的，因此管理风险仍频频发生，甚至愈演愈烈。主动风险管理是先于风险架构管理，注重防患于未然，即在风险尚未出现或仅处于萌芽状态时，便将其消灭于无形。

现代企业管理者须时刻谨记主动风险管理导向，积极地通过经营管理让企业的营业收入、经营净现金、税后利润保持增长，同时严控风险，做到料风险于先，让企业在激烈的市场竞争中始终立于不败之地。

## 第三节　将企业财务与企业业务相融合

很多企业管理者不能理解企业财务和业务的关系，认为两者是不相关的。但实际经营中却恰恰相反，企业业务和财务可互为因果，想要得到好的"果"，就必须管理好"因"。财务管理是企业经营的基础，能够为企业各项业务的发展提供支撑；企业的业务经营是财务运作的保障，能够让企业的财务规划有的放矢。

虽然财务管理和业务经营的融合对企业发展有着非常重要的意义，但两者的结合在现实中并不容易，本节就以财务部门视角和业务部门视角分析两者相融合的难点，以提醒企业管理者要做好财务管理与业务经营的融洽工作，保障企业持续健康发展。

**从财务部门的视角看业财融合的难点**

从财务部门的视角看业财融合的难点通常包括财务部门定位不明确、业务部门强势而不愿配合财务部门、财务部门无法得到及时的业务信息三个方面。下面进行详细介绍：

（1）企业管理层对财务部门的定位不明确，或者定位在传统的会计核算层面，或者定位为企业组织的一个辅助部门，导致财务部门无法正常行使财务方面的职权。

（2）在企业的经营管理中，规划、组织、运营都围绕业务部门展开，资金、人员、资源都向业务部门倾斜，让业务部门处于强势地位，财务部门处于弱势地位。再加上业务人员因为缺少财务知识，不能理解财务管理的重要性，这进一步导致了业务部门不愿意配合财务部门工作的情况。

（3）财务部门信息系统与其他部门管理信息系统没有集成，即财务部门与业务部门是相互独立工作的，部门间数据难以共享，出现"信息孤岛"现象，财务部门"躲在"企业的后方很难及时得到业务部门的信息。

**从业务部门的视角看业财融合的难点**

从业务部门的视角看业财融合的难点通常包括财务部门阻碍业务部门展开工作、财务部门强势影响业务部门工作、财务部门人员因能力欠缺而无法对业务部门形成助力三个方面。下面进行详细介绍：

（1）在业务部门与财务部门融合的过程中，财务部门的各种管理和控制措施不仅没有对业务部门的发展起到促进作用，反而阻碍了业务部门工作的开展。但这并不意味着业务部门不该与财务部门融合，而是要注意方法：①双方应以彼此尊重为前提进行融合；②融合要循序渐进，不能急于求成。

（2）在一些已经业财融合的企业中，因为财务部门受到重视而表现得过于强势，让业务部门产生了"财务部门是企业派来监视我们"的不适感，导致业务部门与财务部门的合作并不顺利。

（3）财务部门人员的综合能力欠缺。财务部门的人员虽然具备专业知识，但并不懂企业经营的战略和方式方法，即不具备综合能力，因此在与业务部门融合时，就无法根据企业的经营业务情况做好分析、预算和决策等工作，更无法根据财务信息，结合市场环境，给业务部门保驾护航出谋划策，因此得不到业务部门的信任。

# 第二章 合理设置财务部门架构

## 第一节 财务部门的职能

根据企业战略规划和经营实际,依据现行法规制度,按照财务管理原则参与企业经营预测和决策,合理配置企业生产经营所需的各项资金。建立健全企业财务管理体系,组织财务预算的编制并监督实施,全面督导企业各项财务活动和财务计划的执行情况,保障资金、资产安全,保证依法核算,推进税务筹划,提升财务信息化水平。以上就是企业设置财务部门的工作范围与实际意义,目的是使企业财务管理和财务核算工作合规、有序、高效运行。

**财务规划**

财务规划主要包括以下方面的工作:

(1)制定企业财务战略规划和中长期发展规划,并组织实施。

(2)制定企业统一的会计政策及核算办法,并组织实施。

(3)设计企业财务管理体制,保证财务管控与业务发展相匹配。

(4)设计企业财务报表体系,为企业开展经营分析、信息披露提供支持。

（5）设计企业财务预算体系，提出预算方案，保障企业全面预算的顺利实施。

（6）设计企业资金管理模式，追求保持企业资本结构最优化。

（7）设计企业税务管控模式，在依法纳税的前提下，开展税务筹划，防范税务风险。

（8）筹划企业投融资方式，规划资金管控架构。

（9）规划企业财务信息系统架构，降低财务运行成本，提高财务运行效率。

（10）规划企业财务组织架构，确定财务部门职责，完善财务人员梯队建设。

**资金管理**

根据企业战略规划，结合企业实际经营情况，通过对投资、筹资、营运资金的合理规划与管控，发挥财务资金配置职能，追求企业最优资本结构。

1. 资金管理的主要内容

（1）负责企业的股权投资（新设、并购、分立、出售、破产）、资产重组、债权、重大资产投资活动中的财务管理。

（2）参与企业的投资活动及对投资项目的可行性进行论证，为决策提供财务支持。

（3）对企业拟投资对象进行财务尽职调查，提出财务专业意见及所需的财务专业信息。

（4）对企业投资活动及资本运作的合同财务条款进行财务审核。

（5）负责企业各类投资项目的资金收付审核、管理，及时发现问题，以便进行财务管控。

（6）参与企业各类投资项目的投后管理，获取投后财务报表、经营数据与经营成果，对可能出现的重大不利变化情况及时提出风险提示。

2. 筹集资金管理的主要内容

（1）根据企业的财务战略规划及资金预算，制订融资方案和计划，并确保按计划实施。

（2）建立融资合作伙伴信息库，创新融资渠道，维护并拓展与金融机构的合作关系。

（3）对企业短期及长期的资金需求进行预测，编写融资分析报告，并提出应对措施。

（4）根据融资进程与融资机构商谈，确立最佳融资方案及融资条件，以达成融资协议。

（5）对投资方的投资款项及金融机构的授信、融资进展情况做好进度记录，保证每一笔融资款及时到账。

（6）负责各类贷款本金的到账、归还及利息支出的复核工作，每月编制贷款明细表、利息支出明细表，定期检查贷款到期情况，按时归还贷款，并支付贷款利息。

3. 营运资金管理的主要内容

（1）测算企业年度资金需求，编制年度资金预算，并组织实施。

（2）进行企业月度资金计划的编制，并组织实施。

（3）统筹企业各项资金的调度与使用。

（4）分析各部门的资金占用情况，提出资金管理方案建议。

（5）定期对企业资金营运能力进行分析，为生产经营提供充足的资金支持。

（6）严格控制库存现金限额，严禁挪用资金和白条抵库。

（7）选择合理的资金保值、增值方式，经批准后执行。

（8）负责资金往来的日常结算。

（9）负责现金盘点，并做好盘点记录。

（10）负责各种有价证券、汇票、支票的保管与使用。

**预算分析**

预算分析主要包括以下方面的工作：

（1）拟定有关预算管理的政策、规定、制度等。

（2）指导各部门年度预算方案的编制，并提供必要的数据支持。

（3）编制企业年度、季度的收入、成本、费用、利润、资金、资本性支出等财务预算。

（4）配合相关部门提供预算方面指标的预计和填报工作。

（5）汇总各部门业务计划和编制财务预算表格，并对各部门编制的财务预算进行审查。

（6）跟踪各部门预算的执行情况，针对各部门预算执行的合理性提出建议。

（7）每月编制预算执行情况表，分析差异原因，供各部门参考，以便进一步改进工作。

（8）针对预算外费用发生的申请考核其性质，为该笔费用的审批提供合理建议。

**资产运营**

资产运营主要分为（有形的）固定资产管理和无形资产管理两个方面，下面进行详细介绍：

1. 固定资产管理的主要内容

（1）组织固定资产预算的编制，筹备固定资产购置所需的资金。

（2）负责固定资产建造、采购过程中资金、税务的管理与筹划。

（3）审核固定资产购置的付款，供应商往来对账。

（4）建立固定资产明细卡，定期核对，做到账、卡、物相符。

（5）每月计提固定资产折旧。

（6）定期进行固定资产盘点。

（7）年末对固定资产进行减值测试。

（8）对购置、调入、调出、出售、毁损、盘亏、报废的固定资产进行核算管理。

（9）根据资产管理部门提交的固定资产购置、报废等申请报告，审核报告中各项固定资产的购置、核销、报废、报损等事项。

2．无形资产管理的主要内容

（1）组织无形资产预算的编制，筹备无形资产开发、购买所需的资金。

（2）负责无形资产开发、采购过程中资金、税务的管理与筹划。

（3）审核无形资产购置的付款、供应商往来对账。

（4）建立无形资产明细卡，定期核对，做到账、卡相符。

（5）每月计提无形资产摊销。

（6）定期进行无形资产盘点。

（7）年末对无形资产进行减值测试。

（8）对开发、购买、调入、调出、出售、报废的无形资产进行核算管理。

（9）根据资产管理部门提交的无形资产开发、购买等申请报告，审核报告中各项无形资产的开发、购买、核销、报废等事项。

**核算管控**

根据相关法律法规的要求，结合企业业务特征及管理要求，对企业涉及的重点、难点业务进行研究，并对企业的财务核算工作进行梳理和控制。具体实务可以分为财务核算管控和财务报表管控两个部分。

1. 财务核算管控的主要内容

（1）按照会计准则及企业会计政策组织财务核算。

（2）审核各项业务的原始凭证，确保各项业务内容准确、合法、构成完整。

（3）根据准确、合法、完整的原始凭证编制会计记账凭证。

（4）根据会计记账凭证负责过账，并登记账簿。

（5）负责企业日常报销业务的账务处理。

（6）参与各种费用分摊比例的制定，并按要求进行费用分摊。

（7）根据相关部门的申请办理坏账核销。

（8）配合人力资源部门审核工资、奖金发放。

2. 财务报表管控的主要内容

（1）编制企业的月度报表、中期报表和年度财务报告，并出具报表编制说明。

（2）审核并汇总部门会计报表，包括费用明细表、利润分配表等。

（3）根据财务报表开展财务分析工作，并出具财务分析报告。

（4）协助提供投资、融资所需财务报表、审计报告等财务信息。

（5）负责企业财务决算和各项审计的协调配合工作。

### 税务筹划

税务筹划可分为日常性税务管理和非日常性税务筹划，下面进行详细介绍：

1. 日常性税务管理的主要内容

（1）区分各项收入，正确计算本期应缴的各项增值税、消费税、所得税等。

（2）正确计算、审核各种应交的财产税，包括房产税、车船税、土地使用税等。

（3）代扣代缴的个人所得税，正确计算应缴税款。

（4）清查各种经济合同、产权转移数据、营业账簿、权利许可证照、工资、奖金等。

（5）负责发票的领取、开具和保管。

（6）负责增值税专用发票的抵扣认证。

（7）负责税务登记证的办理、变更、登记和年检。

2. 非日常性税务筹划的主要内容

（1）对企业涉及的行业及各项业务所涉及的税种进行研究。

（2）对行业及标杆企业的税务筹划案例进行收集与研究，与行业标杆企业进行对标。

（3）负责企业重大税务稽查案件的跟进与指导。

（4）负责对税务行政复议、税务行政诉讼案件进行全程协调与跟进。

（5）根据行业及业务特点开展税务筹划，并督导落实，在依法纳税的前提下降低税负。

（6）每年对企业的纳税遵从度、税务信用评级、税负进行分析研究。

## 第二节　财务部门的岗位设置

财务部门设置的岗位和分工包括：①财务经理：全面负责企业的财务管理、监督和核算；②会计：负责企业的所有成本核算与控制，以及所有应收应付往来账户核算；③出纳：负责企业的银行存款以及现金的收支与管理。

简单理解就是：会计负责算账，出纳负责管钱，财务经理负责签字。

**岗位设置原则**

为了有效完成财务部门的相应职责，企业必须依据相关原则设置财务岗位，具体原则如下：

（1）业务流向设置原则。财务岗位是财务职能配合业务管控而设置的，以契合业务流向为首要原则。

（2）岗位适度细化原则。岗位细化可以与财务职能相匹配，实现财务部门各职能的专业提升。但是，规模不大的企业，暂时无须进行财务岗位细化，保证财务岗位够用即可。

（3）人岗关系匹配原则。岗位与人员匹配关系主要分为一人一岗、一人多岗、一岗多人三类。一般大型企业的财务部门因业务繁多，会出现一岗多人的情况。中小企业则可以在岗位细化的基础上，将相关岗位进行整合，实行一人一岗或一人多岗，以降低人力成本。

**人岗匹配与岗位层级**

财务部门的人岗匹配是指企业在招聘财务人员时，应根据岗位要求和人员的能力、性格、经验、文化等因素进行岗位匹配，以达到最佳工作效果。

（1）能力匹配。根据财务部门的岗位要求，选择具备相应能力的人员，以保证员工能够胜任工作。

（2）性格匹配。根据财务部门的岗位要求，选择具备相应性格特点的人员，以保证员工在工作中能够耐心认真地完成本职工作。

（3）经验匹配。根据财务部门的岗位要求，选择具备相应工作经验的人员，以保证员工在工作中能够熟练掌握工作流程。

（4）文化匹配。根据企业文化和价值观，选用具备相应文化素养并与企业文化、价值观相契合的人员，以保证员工在工作中能够认可并传递企业文化，提高企业的品牌形象和社会影响力。

大多数中小企业财务部门岗位层级的设置分为三级，即财务经理→会计主管/财务主管→会计、出纳（见表2-1）。大型企业可增设为四级，在财务经理之上设置财务总监。小微企业则可精简为两级，不设置财务经理。

表2-1 中小企业财务岗位层级

| 岗位名称 | 岗位层级 | 负责事项 |
| --- | --- | --- |
| 财务经理 | 1 | 全盘财务业务 |
| 会计主管 | 2 | 业务审核、报表审核 |
| 财务主管 | 2 | 预算审核、资金审核 |
| 薪酬会计 | 3 | 薪酬核算、社保计缴、个税申缴 |
| 成本会计 | 3 | 成本核算、成本分析、产品核价 |
| 采购与付款会计 | 3 | 入库确认、发票认证、应付审核 |
| 销售与收款会计 | 3 | 收入确认、开票审核、应收管理 |
| 预算管理 | 3 | 预算编制、预算对比、预算报告 |
| 出纳 | 3 | 账户管理、收付发起、票章管理 |

# 第三章 掌握财务报表背后的逻辑

## 第一节 资产负债表

资产负债表是反映企业在某一特定日期的资产、负债及其所有者权益规模和构成等财务状况的会计报表。

资产负债表可为企业管理者判断企业经营和财务状况提供三项帮助：①某一日期资产的总额及其结构，表明企业拥有或控制的资源及其分布情况；②某一日期负债的总额及其结构，表明企业未来需要用多少资产或劳务清偿债务，以及清偿债务的时长；③某一日期所有者的权益，表明所有者在企业资产中享有的经济利益。

**资产负债表反映企业的整体状况**

资产负债表传递出来的直接信息是企业的现金有多少，应收账款有多少，库存有多少，被占用的运营资金有多少，固定资产投资有多少；可以反映企业的短期负债是否过高，企业是否债台高筑。因此，资产负债表是企业的"底子"，查看资产负债表可以了解企业的规模、资产分布情况及所欠的债务。

通过解读资产负债表，企业管理者可以了解企业历年的发展速度及资产分布是否合理，可以根据某一时期的负债总额及其结构看出企业未来需要用多少资产或劳务、多长时间清偿债务，从而判断企业的资本保值和增值的情况，以及对负债的保障程度。

**资产负债表的组成部分**

资产负债表左边的资产是资金在企业运用后形成的各项具体形态；资产负债表右边的负债和所有者权益/股东权益代表资金的两种来源，负债表示债权人借入，所有者权益/股东权益表示权益资本投资者投入或企业利润留存。

1. 资产

企业拥有或控制的各种资源都是企业的资产。资产分为流动资产和非流动资产，其中非流动资产又分为长期投资、固定资产、无形资产等。

（1）流动资产：在一年内变现或者耗用的资产，包括货币资金、交易性金融资产、应收及预付款项、存货等。

（2）长期投资：准备长期持有的投资，包括各种股权投资、债券投资、并购投资和其他长期投资等。如某钢铁厂在进行设备更新换代时遇到资金问题，企业可对该钢铁厂进行股权投资，以占股方式长期获利。

（3）固定资产：企业为生产商品、提供劳务、出租或经营管理为目的而拥有的，具有实物形态的非货币性有形资产，包括房屋、建筑材料、机械设备、运输工具等。固定资产通常使用年限超过一年，且单位价值较高。

（4）无形资产：企业为生产商品、提供劳务、出租或经营管理为目的而持有的，没有实物形态的非货币性长期资产，包括专利权、非专利技术、商标权、著作权、土地使用权、特许经营权等。

2. 负债

负债是由企业过去的交易或事项形成的，预期会导致经济利益流出企业的现时义务。企业负债分为流动负债（短期负债）和非流动负债（长期负债）。

（1）流动负债：将在一年内偿还的债务，包括短期借款、应付票据、应付账款、预收账款、应付股利、应付利息、应付薪酬、应交税费、预提费用，以及将在一年内到期的长期借款等。流动负债形成的主要原因：①从金融机构借入的短期借款；②经营过程中产生的短期应付款项，如应付账款、应付工资等。

（2）非流动负债：偿还期在一年以上的负债，包括长期借款、应付债券、长期应付款等。非流动负债形成的主要原因包括：①从金融机构借入的长期借款；②企业发行的债券；③以融资租赁方式租入的固定资产的长期应付款；④引进设备的长期应付款；⑤专项应付款。

3. 所有者权益/股东权益

企业资产扣除负债后，由所有者享有的剩余权益，即为所有者权益，又称股东权益。所有者权益/股东权益分为投入资本和保留盈余两类，投入资本包括实收资本/实收股本（股份公司称作股本）和资本公积；保留盈余包括盈余公积和未分配利润。

（1）实收资本/实收股本：投资者按照企业章程或合同、协议的约定，实际投入企业的资本。

（2）资本公积：也称为准资本，是资本在运营过程中发生的增值，如资本/股本溢价（企业投资者投入的资金超过其在注册资本中所占份额的部分）。

（3）盈余公积：企业从税后利润中提取的公积金，包括法定盈余公积、任意盈余公积。

（4）未分配利润：企业留待以后年度分配或待分配的利润，是企业的净利润提取盈余公积并向投资者分配利润后剩下的部分。

**制作简要的资产负债表**

我们已经介绍了资产负债表应该包含的主要内容，下面就根据这些内容制作一份简要的资产负债表（见表3-1）。

表3-1　资产负债表

编制单位：×××公司　　　　时间：2022-12-18　　　　单位：万元

| 资产 | 期末余额 | 年初余额 | 负债及所有者权益/股东权益 | 期末余额 | 年初余额 |
|---|---|---|---|---|---|
| 流动资产： | | | 流动负债： | | |
| 货币资金 | | | 短期借款 | | |
| 交易性金融资产 | | | 交易性金融负债 | | |
| 应收账款 | | | 应付账款 | | |
| 应收票据 | | | 应付票据 | | |
| 应收股利 | | | 应付股利 | | |
| 应收利息 | | | 应付利息 | | |
| 预付款项 | | | 预收款项 | | |
| 其他应收账款 | | | 应交税费 | | |
| 存货 | | | 应付薪酬 | | |
| 其他流动资产 | | | 其他应付款 | | |
| 流动资产合计 | | | 其他流动负债 | | |
| | | | 流动负债合计 | | |
| 非流动资产： | | | 非流动负债： | | |
| 可供出售金融资产 | | | 长期借款 | | |
| 持有至到期投资 | | | 应付债券 | | |
| 长期应收款 | | | 长期应付款 | | |
| 长期股权投资 | | | 递延所得税负债 | | |
| 投资性房地产 | | | 其他非流动负债 | | |
| 固定资产 | | | 非流动负债合计 | | |
| 在建工程 | | | 负债总计 | | |
| 长期待摊费用 | | | 所有者权益/股东权益： | | |
| 无形资产 | | | 实收资本/实收股本 | | |
| 递延所得税资产 | | | 资本公积 | | |

续表

| 资产 | 期末余额 | 年初余额 | 负债及所有者权益/股东权益 | 期末余额 | 年初余额 |
|---|---|---|---|---|---|
| 其他非流动资产 | | | 盈余公积 | | |
| 非流动资产合计 | | | 未分配利润 | | |
| 资产总计 | | | 所有者权益/股东权益合计 | | |
| | | | 负债和所有者权益/股东权益总计 | | |

**识别资产负债表中的风险**

资产负债表中可以集中体现企业经营风险的项是应收账款、其他应收账款、存货和长期待摊费用，但并不表示其他项就不能提示经营风险，企业管理者要全面参考。

（1）应收账款风险，是企业销售出去的货物或已进行完毕的服务尚未收回的款项，是企业对客户的债权。一定有一些应收账款永远都收不回来，财务人员应及时做冲销坏账的工作。因此，企业管理者必须明辨，当企业的应收账款过多时，并非对企业有益，反而增大了形成坏账的可能性。

（2）其他应收账款风险，属于资产负债表中的流动资产，企业间的资金拆借是形成其他应收账款的重要原因。资金拆借因不涉及商业贸易，不签订购销合同，不开具发票，只是出借人和借款人一般意义上的资金往来，容易面临长期不能收回的风险，成为产生坏账的重灾区。如果未能及时冲销已经成为坏账的其他应收账款，让这部分账款仍然置于流动资产行列，那么将导致企业资产虚高。

（3）存货风险，从事商品生产贸易的企业尤其在意库存率，一旦库存超额就会变成巨大的负担。如果企业管理者不能有效评估存货价值，这些存货的最终价值可能惨不忍睹。

（4）长期待摊费用风险，是企业发生的摊销期限在一年以上的各种预付费用的集合，虽然暂是资产，但其实是已经（必须）支出的费用。

## 第二节　利润表

利润表又称为损益表，反映企业在一定会计期间的经营成果的会计报表。

利润表可为企业管理者判断企业经营和财务状况提供四项帮助：①一定期间企业的利润构成，表明企业从经营活动和非经营活动中分别取得了多少利润，用以判断企业盈利能力的持续性；②一定期间企业收入与成本的信息，通过将收入与成本匹配，计算企业的毛利率，用以判断企业的利润空间；③从管理费用、财务费用和销售费用三项期间费用的趋势变化和比例，判断企业的管理水平；④从净利润反映出企业生产经营活动的成果，从每股收益判断企业资本的保值、增值情况。

**利润表反映企业一定时期内的经营成果**

利润表反映了企业的收入、成本、费用、税收情况，揭示了企业利润的构成和实现过程，是企业内外部相关利益者了解企业经营业绩的主要窗口。

企业管理者通过利润表可以了解企业的盈利能力，当企业将筹集来的资金投入生产后，产品产出，企业会获得收入。用收入所得减去成本，即得到利润。

但需要区别一个概念，即并非只要企业的收入大于支出，企业就会获得利润。因为利润和净利润只是账面利润，会受到诸多变动因素的影响。企业管理者想要了解企业是否真的盈利，要重点考察企业的收益是否稳定，利润的实际变现能力如何，具体可以使用净利润现金含金量这一指标。公式如下：

净利润现金含金量＝现金净流量÷净利润。

利润的变现能力与净利润现金含金量成正比，数值越大，说明企业资金的回笼能力越强。

**利润表的组成部分**

常规的利润表会列出五大项，其中利润总额通过结算营业收入和营业利润得出，每股收益是具体经营结果的市场表现，无须详细解释。下面将详细介绍营业收入、营业利润和净利润三项。

此外，还有一些利润表包含"其他综合收益的税后净额"和"综合收益总额"两项，可以让利润表更加完整。对于此我们将在"制作简要的利润表"部分列出带有这两项的利润表。

1．营业收入

营业收入减去营业成本、营业税金及附加，减去销售费用、管理费用、财务费用，减去资产减值损失，加上公式价值变动收差，等于营业利润。

（1）营业成本：反映企业取得主营业务收入和其他业务收入所发生的成本额。企业管理者在分析营业成本时，需计算出各项成本明细所占的比重，并对这些明细比重的数据变化和增减情况进行辨别，以及时了解哪些运营成本的增加影响总营业成本的增加。

（2）营业税金及附加：企业经营业务应负担的各种税费，包括消费税、城市建设维护税、资源税、土地增值税等。

（3）销售费用：分为直接和间接两种：①企业在销售商品过程中发生的直接费用，如包装费、广告费、运输费、人工费等；②为销售商品而专设的销售机构在运营过程中发生的间接费用，如场地租金、装修费用等。

（4）管理费用：企业为组织和管理生产经营所发生的管理费用，主要为行政部门的各项支出。

（5）财务费用：企业为筹集生产经营所需资金而发生的间接融资费用，如利息费、差旅费等。

（6）资产减值损失：企业各项资产发生的减值损失，包括应收账款可能发生的坏账损失、存货因过时可能发生的跌价损失等。

（7）公允价值变动收益：反映企业应当计入当期损益的资产或负债公允价值变动收益（公允价值变动收益只是账上盈利，投资收益是已经实现的收益）。

2．营业利润

企业规律性经营行为形成的利润，在此基础上先加上营业外收入，再减去营业外支出，得到企业利润总额。

（1）营业外收入：企业发生的与主营业务没有直接关系的各项收入，不具有持续性和可预见性，如政府补助、出售固定资产的净收益、接受捐赠等。

（2）营业外支出：企业发生的与主营业务没有直接关系的各项支出，同样不具有持续性和可预见性，如罚款支出、出售固定资产的净损失、对外捐赠等。

3．净利润

在利润总额的基础上扣除所得税后，得到企业的净利润。股份有限公司的净利润按股本摊薄后的每股收益。

（1）持续经营净利润：企业正常生产经营产生的净利润。持续经营的净利润是企业利润总额减去所得税费用后的余额。

（2）终止经营净利润：当企业注销或终止经营时，截止到注销日的净利润。终止经营时就不存在利润了，只有实物资产、债权、货币和无形资产与负债，它们的差额是资本金。

## 制作简要的利润表

了解了利润表所包含的主要内容,下面就根据这些内容制作一份简要的利润表(见表3-2)。

**表3-2 利润表**

所属时期:　　　　年　月　日至　　　　年　月　日

编制单位:×××公司　　　　　　　　　　单位:元(列至角分)

| 项目 | 本期金额 | 上期金额 |
| --- | --- | --- |
| 一、营业收入: | | |
| 减:营业成本 | | |
| 税金及附加 | | |
| 销售费用 | | |
| 管理费用 | | |
| 研发费用 | | |
| 财务费用 | | |
| 其中:利息费用 | | |
| 资产减值损失 | | |
| 加:公允价值变动收益(损失以"-"号填列) | | |
| 投资收益(损失以"-"号填列) | | |
| 其中:对联营企业和合营企业的投资收益 | | |
| 二、营业利润(损失以"-"号填列): | | |
| 加:营业外收入 | | |
| 减:营业外支出 | | |
| 其中:非流动资产处置损失 | | |
| 三、利润总额(损失以"-"号填列): | | |
| 减:所得税费用 | | |
| 四、净利润(损失以"-"号填列): | | |
| (一)持续经营净利润 | | |
| (二)终止经营净利润 | | |

续表

| 项目 | 本期金额 | 上期金额 |
|---|---|---|
| 五、其他综合收益的税后净额： | | |
| （一）不能重分类进损益的其他综合收益 | | |
| 1. 重新计量设定收益计划变动额 | | |
| 2. 权益法下不能转损益的其他综合收益 | | |
| （二）将重分类进损益的其他综合收益 | | |
| 1. 权益法下可转损益的其他综合收益 | | |
| 2. 可供出售金融资产公允价值变动损益 | | |
| 3. 持有至到期投资重分类为可供出售金融资产损益 | | |
| 4. 现金流量套期损益的有效部分 | | |
| 5. 外币财务报表折算差额 | | |
| 六、综合收益总额 | | |
| 七、每股收益： | | |
| （一）基本每股收益 | | |
| （二）稀释每股收益 | | |

**识别利润表中的风险**

利润表中可以集中体现企业经营风险的项目是营业收入、营业成本、管理费用，但并不表示其他项就不能提示经营风险，企业管理者要全面参考。

（1）营业收入风险。如果企业的营业收入出现严重下滑，说明企业经营遭遇危机，产品在市场中遭到冷遇；如果企业的营业收入长期滞胀，说明企业发展遇到阻碍，市场开拓未能实现。

（2）营业成本风险。如果营业成本占比过高，企业管理者需要对影响经营业绩的各方面进行调查，找出导致费用高企的主因，加以改进。

（3）管理费用风险。如果管理费用占比过高，反映企业内部营运效率差，很可能是形式主义替代了实用主义，企业管理者需要时刻警惕这样的变化。

## 第三节　现金流量表

现金流量表是反映企业在一定会计期间的现金和现金等价物流入和流出的会计报表。

现金流量表可以为企业管理者判断企业经营和财务状况提供四项帮助：①了解企业获取现金和现金等价物的能力（企业的主体现金是经营活动产生的还是向债权人借入的或是投资者投入的），并据此预测企业未来的现金流量；②评价企业的支付能力、偿债能力和周转能力；③分析企业收益质量及影响现金流量的因素；④掌握企业经营活动、投资活动和筹资活动的现金流量，进而了解净利润的质量。

**现金流量表反映企业一定时期内的资金情况**

现金流是企业在一定会计期间按照现金收付实现制，通过一定的经济活动（包括经营活动、投资活动、筹资活动和非经营性项目）而产生的现金流入、现金流出及其总量情况的总称。通俗的解释就是，企业在一定时期的现金和现金等价物的流入和流出的数量。

现金是企业运营的"血脉"，企业管理者在查看现金流量表时，要了解企业的现金是否充足，口袋里是否还有"余粮"。

虽然现金流对于企业经营十分重要，但并不意味着现金越多越好，企业管理者还应根据企业经营的实际情况确定现金的最佳持有量，同时加紧回收应收账款。

**现金流量表的组成部分**

现金流量表对资产负债表和利润表起到了补充说明的作用,有助于企业管理者更直观地掌握企业的经营状况。企业管理者要从经营、投资和筹融资三个方面解读现金流量表:

1. 经营活动产生的现金流入和现金流出

经营活动是指企业投资活动和融资活动以外的所有交易和事项。各企业由于所处行业不同、所处发展阶段不同、所处竞争环境不同,对经营活动的认定存在一定的差异。

例如,一家处于成长期的企业,经营活动现金流量的流入应远大于流出,表明企业的产品或服务具有较强的变现能力,企业不仅能轻松支付经营活动中所需的各类资金,还有余力为企业进一步扩展经营规模提供资金来源。

2. 投资活动产生的现金流入和现金流出

投资活动是指企业构建长期资产(固定资产、无形资产、在建工程、其他持有期限在一年以上的资产等)的投资及其处置活动,以判断企业对外投资的规模及该企业是否有扩建的趋势。

如果企业投资活动的现金流量为负数,大概率说明该企业正处于投资成长阶段;如果企业投资活动的现金流量为正数,说明该企业可能处于规模萎缩或战略调整阶段。

如果企业构建固定资产的支出较大,则说明该企业很可能处在快速扩张期;如果企业的现金流量净额主要来自投资活动,那么该企业的持续发展能力应该受到质疑。

3. 筹融资活动产生的现金流入和现金流出

筹融资活动是指导致企业资本及债务规模和构成发生变化的活动。资本包括实收资本/实收股本和资本溢价/股本溢价;债务主要指对外举债,包括向银行借款、发行债券以及偿还债务等。

**制作简要的现金流量表**

了解了现金流量表所包含的主要内容，下面就根据这些内容制作一份简要的现金流量表（见表3-3）。

表3-3 现金流量表

编制单位：×××公司　　　　时间：2022-12-18　　　　单位：元

| 项目 | 本年金额 | 本月金额 |
|---|---|---|
| 一、经营活动产生的现金流量： | | |
| 销售商品、提供劳务收到的现金 | | |
| 收到的税费返还 | | |
| 收到的其他与经营活动有关的现金 | | |
| 经营活动现金流入小计 | | |
| 购买商品、接受劳务支付的现金 | | |
| 支付给员工及为员工支付的现金 | | |
| 支付的各项税费 | | |
| 支付其他与经营活动有关的现金 | | |
| 经营活动现金流出小计 | | |
| 经营活动产生的现金流量净额 | | |
| 二、投资活动产生的现金流量： | | |
| 收回投资所收到的现金 | | |
| 取得投资收益收到的现金 | | |
| 处置固定资产、无形资产及其他长期资产收回的现金净额 | | |
| 收到其他与投资活动有关的现金 | | |
| 投资活动现金流入小计 | | |
| 投资支付的现金 | | |
| 购建固定资产、无形资产及其他长期资产支付的现金 | | |
| 取得子公司及其他经营单位支付的现金净额 | | |
| 支付的其他与投资活动有关的现金 | | |

续表

| 项目 | 本年金额 | 本月金额 |
|---|---|---|
| 投资活动现金流出小计 | | |
| 投资活动产生的现金流量净额 | | |
| 三、筹融资活动产生的现金流量: | | |
| 吸收投资收到的现金 | | |
| 取得借款收到的现金 | | |
| 收到其他与筹资/融资活动有关的现金 | | |
| 筹资/融资活动现金流入小计 | | |
| 偿还借款本金支付的现金 | | |
| 偿还借款利息支付的现金 | | |
| 分配利润、股利支付的现金 | | |
| 支付其他与筹资/融资活动有关的现金 | | |
| 筹融资活动现金流出小计 | | |
| 筹融资活动产生的现金流量净额 | | |
| 四、汇率变动对现金及现金等价物的影响 | | |
| 五、现金及现金等价物净增加额: | | |
| 加：期初现金及现金等价物余额 | | |
| 减：期末现金及现金等价物余额 | | |

**识别现金流量表中的风险**

现金流量表中的风险提示主要来源于数据，即净利润数据和现金流量数据，企业管理者必须认真关注。

（1）净利润数据。如果企业净利润＞0且经营活动产生净流入时，说明企业的盈利能力强，并有其他投资活动；如果企业净利润＜0且经营活动未能产生净流入时，说明企业的盈利能力弱。

（2）现金流量数据。如果企业经营活动产生的现金流量＞0，说明企业在经营过程中的现金流收支没有问题，企业经营状况良好；如果企业经营活动产生的现金流量＝0，说明企业当前做到了收支平衡，短期无大碍，但长期存在隐患，企业管理者需要谨慎对待，防止出现现金流＜0的不利状况；如果企业经营活动产生的现金流量＜0，说明企业在经营过程中的现金流收支出现了问题，甚至已经发生了入不敷出的情况，风险已在企业内部蔓延，企业管理者需要找到针对企业现金流风险的改进对策来减小企业经营风险。

## 第四节　做好财务报表的管控

企业管理者不仅要能看懂财务报表，还要会解读财务报表，更要会通过财务报表做好财务管控工作。

**通过现金流和应收账款/应付账款，管控企业资金周转情况**

如果一家企业的账面利润很高，但现金流不足，则说明该企业无法进行正常的经营活动。因为企业现金流不足，将导致赊欠账款不断增加、不能按时发放薪资、无法上缴税金、无法偿还到期债务等现实问题，最终使得企业被各种债务缠身，难以挣脱而面临破产清算的局面。

如果一家企业拥有非常大量的现金储备，那么这是不是就是绝对的利好呢？答案也是否定的。因为企业将大量现金搁置起来，会导致企业在发展过程中难以获得现金所带来的最大化的利益，因而影响企业发展。

因此，企业管理者要根据资金的时间价值和企业对现金需求种类的不同两个方面来确定企业现金的最佳持有量，做到让企业持有现金的成本最低且效益最大。

此外，由于应收账款是企业重要的流动资产，因此其是管控企业资金周转的关键环节。但是，只有收回来的应收账款才是资产，而应收账款能否顺利回收取决于对方的财务和信用情况。当应收账款过多时，将导致企业资金周转困难。因此，企业在管控时要做到赊销看对象、有度延长信用期和定期核对往来账等。

应付账款是一种尚未结清仍需支付的债务，如果企业信誉良好，可能短期内会出现应付账款较多的情况。但是，多数情况下，如果企业的应付账款多，只能说明企业的资金周转困难，靠举债度日。

**通过资产与存货，管控企业财富**

企业管理者要从财务报表中了解企业的资产与存货情况，以清楚企业到底有没有钱，有多少钱。

资产是企业进行各项经营活动的基础，是企业盈利的必要条件。因此，企业管理者需要定期组织财务人员进行资产盘点，做好资产评估、折旧、摊销和清理工作。

存货是企业进行生产经营活动所产生的必然结果，是企业经营的组成部分。如果企业的存货量过大，既无法体现货物的价值，也无法让企业盈利。因此，企业管理者应做好存货管控工作，确定最经济的订货量和生产量。此外还应关注期末存货是否发生减值，以准确判断存货的价值。

**通过成本、费用和薪酬，管控企业成本**

与财务管控相关的除了现金、资产等外，还有成本、费用和薪酬，本部分就一起讨论一下如何通过这三项来管控企业成本。

成本是生产经营活动中所使用的生产要素的价格，所以成本也称为生产费用。管控成本既能有效降低企业的支出，也能提高企业的效益。一般情况下，企业管控成本分为三部分：①料——直接用于产品生产的材料费用；②工——直接用于生产产品的工人工资；③费——因组织和管理生产经营活动而产生的各项支出。

企业要通过对经济订货量的确定，来降低材料的采购成本和库存成本；通过降低各种费用，如销售费用、研发费用、售后费用、财务费用等，来降低企业的经营管理成本；通过控制单位人工费用和合理选择生产地域，来降低人工成本。

除此之外，企业还必须做好薪酬管理工作，可以通过三个方面加以实现：①放对岗——员工能力与岗位匹配，关键在于制定正确的用人标准；②做对事——战略导向型的绩效评价，关键在于确定合理的计薪因素；③奖对人——划小业务单元，关键在于确定科学的激励政策。

# 第四章 通过财务分析为企业全面体检

## 第一节 管理者应掌握的财务分析方法

到了医院,打印出的一张张化验单和检查报告,非专业医生很难全部明白各项数据、指标和图片的含义。财务分析就如同给企业做体检,需要有专业素养的管理者对"体检结果"进行分析判断,才能得出正确的结论,看出问题所在。财务分析需要将多种方法结合起来进行综合判断,常用的财务分析包括以下三种方法:

**通过财务比率发现更多可比信息**

财务比率是以财务报表数据为依据,将两个相关的数据相除得到的比率。选择不同的指标,可以对企业的不同方面进行分析。

A公司和B公司处于同行业中。A公司资产总额500万元,2022年实现净利润200万元;B公司资产总额8000万元,2022年实现净利润1600万元。问:哪家公司的盈利能力更强?

单纯从净利润的对比看,B公司的1600万元要远高于A公司的200万元。但两家公司存续时间和规模均不同,仅比较净利润大小并没有实际意义。结合资产总额反映的公司规模,B公司用8000万元的资产创造了1600

万元的利润，资产净利率为20%；A公司用500万元的资产创造了200万元的利润，资产净利率为40%。由此可以得出，A公司的盈利能力更强。

**通过结构百分比分析报表项目构成是否合理**

从广义上讲，结构百分比也是财务比率的一种。比如，将营业成本与营业收入进行比较，将流动资产与总资产进行比较。

A公司和B公司处于同行业中。A公司2022年的营业收入为38.35亿元，营业成本为18.96亿元；B公司2022年的营业收入为9.72亿元，营业成本为3.02亿元。问：如何判断两家公司的盈利情况？

单纯从营业收入的数据看，A公司的营业收入更高，因此销售规模更大。但是A公司的营业成本占营业收入的比重为49.44%（18.96亿元÷38.35亿元），B公司的营业成本占营业收入的比重为31.07%（3.02亿元÷9.72亿元）。由此可以得出，B公司在成本控制方面做得更好，盈利情况也更好。

**通过趋势分析判断企业发展变化**

先将关注的财务比率计算出来，再将本期和前几期的结构百分比报表汇编在一起，逐项比较，查明各特定项目在不同年度所占比重的变化情况，进一步判断企业经营成果与财务状况的发展趋势。

A公司2019年到2022年应收账款和流动资产的数据如表4-1所示，计算出该公司应收账款和流动资产逐年的变化趋势。

表4-1　A公司应收账款和流动资产的环比变化

|  | 2019-12-31 | 2020-12-31 | 2021-12-31 | 2022-12-31 |
|---|---|---|---|---|
| 应收账款（元） | 35990809 | 39227869 | 44452930 | 36775799 |
| 流动资产合计（元） | 578740099 | 694330339 | 298849580 | 332567722 |
| 应收账款变化趋势 | — | 108.99% | 113.32% | 82.73% |
| 流动资产变化趋势 | — | 119.97% | 48.04% | 111.28% |

A 公司的应收账款在 2020 年、2021 年呈缓慢上升趋势，2022 年有所下降。同时期的流动资产的变化却明显异常，2021 年比 2020 年降幅达到一半以上，结合当年应收账款不降反升，说明该公司在流动资产管理方面可能存在问题。

## 第二节　企业的财务风险与短期偿债能力

企业经营过程中通常面临两大风险，一是经营风险，二是财务风险。本节将重点讲解财务风险。

财务风险即企业不能偿还到期债务的风险，届时债权人可以向法院申请企业（债务人）破产清算以清偿债务。而应对财务风险最关键的是需要企业保证有充足的现金量来提高对短期债务的偿还能力。

从资本运营的角度看待财务风险，需要牢记两点：一是短期债务需要及时偿还，二是长期债务可通过新的融资来偿还。因此，正常经营的企业面临的主要财务压力是对短期内到期债务的偿还。通常用以下三个指标判断：

### 流动比率

公式如下：

流动比率＝流动资产÷流动负债

流动比率是衡量企业偿债能力的主要指标。一些企业管理者认为，流动比率高的企业一定比流动比率低的企业偿还短期债务的能力强。但现实并没有这么简单，流动比率不是越高越好，因为流动资产不具有随取随用性，当企业的流动资产过多时，就会影响资产的使用效率。因此，流动比率的最佳值为 2。

### 速动比率

公式如下：

速动比率＝（流动资产－存货）÷流动负债

其中"流动资产－存货"得到速动资产，因此该公式也可直接写成：

速动比率＝速动资产÷流动负债

计算速动比率，需要先用流动资产减去存货，因为流动资产中存货的变现能力差。当存货积压或成本与预期售价之间存在较大差距时，就无法实现盈利，若再出现过期或损坏状况，损失会更加严重。

因为速动资产比流动资产更易变现，所以用速动比率衡量企业的偿债能力更为精确。速动比率的最佳值为1，即存货占流动资产的一半左右。但并不意味着距离"1"远的企业，都是有财务风险的，需结合行业而议。有的行业需要经常保持一定比例的存货，有的行业则几乎不需要有存货。

### 现金比率

公式如下：

现金比率＝（货币资金＋有价证券）÷流动负债

现金比率反映企业即时偿还流动负债的能力。现金比率越高，说明企业的短期偿债能力越强。企业的现金比率一般认为保持在20%以上为宜。如果企业的现金比率偏低，则说明企业的短期偿债能力不足，有财务风险，应缩短收账期，加大应收账款的催款力度。

## 第三节　企业的资本结构与长期偿债能力

资本结构是指企业各种资本的构成及其比例关系，比如资产总额中负债的比重或者负债和所有者权益的比例等，通常用以下三个指标判断：

**资产负债率**

公式如下：

资产负债率＝负债总额 ÷ 资产总额 × 100%

资产负债率又称为负债比率或举债经营能力，是反映债权人提供的资本占企业全部资本的比例。企业的长期负债虽然可以通过"拆东墙补西墙"的方式偿还，但始终是需要清偿的，因此资产负债率反映了企业的长期偿债能力。对于资产负债的比例，债权人和股东因为所处位置不同，一般持有完全相反的看法。

债权人希望企业的资产负债率越低越好，这样企业还账就有了保障。但适度负债是企业快速发展的常规模式，不负债或负债率极低的企业的发展往往比合理负债的企业发展得要慢。

股东在企业的全部资本利润率高于借款利率的前提下，自然希望资产负债率越高越好，这样就可以利用最高的杠杆实现企业的最快发展。但杠杆不能无止境，负债率过高说明企业潜藏着较大的经营风险，一旦市场环境出现大的变化，高负债率很可能直接压垮企业。因此，资产负债的合理范围在40%～60%，均值为50%。当企业的资产负债率高于60%时，就说明企业的财务风险趋向大。

**产权比率**

公式如下：

产权比率＝负债总额÷所有者权益总额

产权比率是评估资本结构合理性的指标，反映股东所持股权是否过多或者不够充分等情况，说明了企业借款经营的程度。

产权比率也是衡量企业长期偿债能力和企业财务结构稳健性的重要指标，表明由债权人提供的和由投资者提供的资金来源的相对关系，反映了企业基本财务结构的稳定性。企业产权比率的公认标准值为1，其值越低，表明企业自有资本占总资产的比重越大，长期偿债能力越强。

**利息保障倍数**

公式如下：

利息保障倍数＝（息税前利润总额＋利息费用）÷利息费用

利息保障倍数又称为已获利息倍数，不仅反映了企业获利能力的大小，也反映了企业获利能力对偿还到期债务的保障程度。利息保障倍数越大，说明企业支付利息费用的能力越强。企业要维持正常偿债能力，利息保障倍数至少应大于1，且比值越高，企业长期偿债能力越强。如果利息保障倍数过低，则表明企业面临亏损、偿债的安全性与稳定性下降的风险很大。

## 第四节　企业的盈利能力与利润"含金量"

企业的盈利能力即企业赚取利润的能力，因其是企业生存发展的基础能力，因此应是企业管理者最应关注的内容之一。企业的盈利能力通常用以下五个指标判断：

**销售毛利率**

公式如下：

销售毛利率=（销售收入－销售成本）÷销售收入×100%

只有达到足够多的销售毛利，企业才能实现盈利。与销售毛利率相对应的指标是销售成本率，销售毛利率+销售成本率=1。

企业管理者在分析销售毛利率时，应重点关注毛利率的变动原因，通过部门、产品、客户群、竞品差异、销售区域、销售人员等不同因素进行分析，找到推升盈利和拉低盈利的因素。

**销售费用和管理费用率**

公式如下：

销售费用和管理费用率=销售费用和管理费用总额÷营业收入×100%

销售费用和管理费用的占比可反映企业的管理水平，占比越高说明企业的管理水平越低，占比越低说明企业的管理水平越高。

企业管理者在分析此项比例时，可将各项销售费用和管理费用单独与营业收入进行对比，形成不同的费用率指标，以分析各项占总收入的比重对营业收入的影响。此外，还可以将各项不同的费用率指标与企业以前同期形成的同项指标进行比较，或者与企业所在行业的同项平均指标值进行比较，以了解企业的管理水平的变化情况或在行业内的地位。

**营业净利率**

公式如下：

营业净利率=净利润÷营业收入×100%

营业净利率又称为销售净利率或销售利润率，简称为"利润率"，用来衡量企业营业收入给企业带来利润的能力。营业净利率较低，说明企业的经营活动没能创造出足够多的利润空间或者没能成功地控制成本和各项期间费用或者两者皆有；营业净利率较高，说明企业的经营活动创造出了足够的利润空间或者成功地控制了成本和各项期间费用或者两者皆有。

因此，营业利润率或者反映企业的开源状况，或者反映企业的节流状况，或者同时反映企业的开源和节流状况。

### 营业收入现金比率

公式如下：

营业收入现金比率＝经营现金净流量÷营业收入

营业收入现金比率反映每1元销售额的净现金。如果用主营业务收入来计算，则该指标反映企业主营业务收入背后现金流量的支持程度。营业收入现金比率越高，说明企业当期收入的变现能力越强；营业收入现金比率越低，说明企业虽然当期账面收入高，但实际现金收入却低，有很大一部分形成了应收账款，提醒企业管理者有必要关注债权资产的质量。

将主营业务代入后，公式变为：

主营业务收入现金比率＝主营业务现金净流量（销售商品、提供劳务等收到的现金）÷主营业务收入

该指标＞1，表明本期收到的销货现金大于本期的销货收入，说明企业不仅当期的销货全部变现，还收回了部分前期的应收账款。

该指标＝1，表明本期收到的销货现金与本期销货收入基本持平，说明企业的销货没有形成挂账，资金周转良好。

该指标＜1，表明本期收到的销货现金小于本期的销货收入，说明企业的账面收入高，但变现收入低，应收账款挂账增多。

**资产净利润率**

公式如下：

资产净利润率＝净利润÷资产平均总额×100%

资产净利润率也称为资产报酬率或资产收益率，用来衡量企业利用资产获取利润的能力，反映企业总资产的利用效率，即企业每单位资产能获得净利润的数量。资产净利润率越高，说明企业利用全部资产的获利能力越强；资产净利润率越低，说明企业利用全部资产的获利能力越弱。

## 第五节　企业的资产管理水平与营运能力

营运能力是指企业的经营运行能力，即企业运用各项资产赚取利润的能力，通常用以下五个指标判断：

**存货周转率**

公式如下：

存货周转次数＝销售成本÷平均存货

存货周转天数＝360÷存货周转次数

平均存货＝（期初存货＋期末存货）÷2

存货周转率是一定时期内企业销货成本与存货平均余额间的比率，是反映企业销售能力和流动资产流动性的指标，也是衡量企业生产经营各环节中存货运营效率的综合性指标。在存货平均水平一定的条件下，存货周转率越高，说明企业的销货成本数额增多，产品销售的数量增长，企业的销售能力加强；反之则说明企业的销售能力不强，企业要扩大产品销售数量，须在原材料购进、生产投入、产品销售、现金回收等方面做好协调和衔接。

此外，存货周转率还可以衡量存货的储量是否得当，存货过少会造成销售紧张，存货过多会造成生产间断和库存积压。因此，只有保证存货周转率处于正常范围，企业生产才能不间断地进行，产品也才能更为有序地销售。

### 应收账款周转率

公式如下：

应收账款周转率＝当期销售净收入 ÷ 平均应收账款

应收账款周转天数＝360÷应收账款周转率

平均应收账款＝（期初应收账款＋期末应收账款）÷2

应收账款周转率是反映企业应收账款周转速度的指标，是一定时期内赊销收入净额与应收账款平均余额的比率。

应收账款周转率有两种表示方法：①应收账款在一定时期内（通常为一年）的周转次数；②应收账款的周转天数——应收账款账龄。

在一定时期内，应收账款周转次数越多，说明应收账款回收速度越快，企业管理工作效率越高。这样不仅有利于企业及时收回账款，减少或避免发生坏账损失的可能，也有利于提高企业资产的流动性，增强企业短期偿债能力。

### 流动资产周转率

公式如下：

流动资产周转率＝主营业务收入净额 ÷ 平均流动资产总额

流动资产周转率是反映企业流动资产周转速度的指标。在一定时期内，流动资产周转次数越多，表明以相同的流动资产完成的周转额越多，流动资产利用的效果越好。

按天数表示流动资产周转率，能更直接地反映企业的实际生产经营状况。当流动资产周转率用周转天数表示时，周转一次所需要的天数越少，表明流动资产在经历生产和销售各阶段时占用的时间越短，周转速度越快。

**固定资产周转率**

公式如下：

固定资产周转率＝营业收入 ÷ 平均固定资产净值

固定资产周转天数＝360 ÷ 固定资产周转率

固定资产与收入比＝平均固定资产净值 ÷ 销售收入

平均固定资产净值＝（期初净值＋期末净值）÷ 2

固定资产周转率也称为固定资产利用率，反映企业固定资产周转情况，是衡量企业固定资产利用效率的指标。运用固定资产周转率时，需考虑固定资产净值因计提折旧而逐年减少或因更新重置而突然增加的影响；在不同企业间进行分析比较时，还要考虑采用不同折旧方法对固定资产净值的影响等。

固定资产周转率表示在一个会计年度内，固定资产周转的次数或者每1元固定资产支持的销售收入。固定资产周转率高，说明企业固定资产得到充分利用或固定资产投资得当，固定资产结构合理；固定资产周转率低，说明企业固定资产利用效率不高或固定资产投资不当，企业的固定资产营运能力不强，结构不合理。

固定资产周转天数表示在一个会计年度内，固定资产转换成现金平均需要的时间，即平均天数。固定资产的周转次数越多，则周转天数越短；固定资产的周转次数越少，则周转天数越长。

固定资产与收入比表示每1元销售收入需要的固定资产，主要用于分析对厂房、设备等固定资产的利用效率，比率越高，说明固定资产利用率越高，企业管理水平越高。

### 总资产周转率

公式如下：

总资产周转率＝营业收入净额 ÷ 平均资产总额

其中：平均资产总额的数值取自"资产负债表"，是企业资产总额年初数与年末数的平均值。

总资产周转率是反映企业总资产周转情况的指标，用来分析企业全部资产的使用效率。如果总资产周转率较低，说明企业利用全部资产进行经营的效率较差，最终会影响企业的获得能力，企业应采取措施提高各项资产的利用效率或处理多余资产，从而提高销售收入。

# 第五章 编制全面预算，保障业财融合

## 第一节 企业全面预算的指标与公式

企业的全面预算可以反映企业未来某一特定期间（一般不超过一年或一个经营周期）的全部生产经营活动的财务计划，以实现企业的目标利润为目的，以销售预测为起点，对生产、成本及现金收支等进行预测，通过对执行过程的监控，将实际完成情况与设定目标不断对照，指导生产经营活动的改善和调整。

企业预算的核心指标是依据企业战略和发展规划制定的年度量化目标，各部门的年度工作计划（预算）必须以完成核心指标为主要目的。因此，对于核心指标的了解和计算公式的掌握，是企业管理者做好企业预算管理的必备能力。

预算体系中的核心指标分为静态指标和动态指标两大类，共10个小指标，下面分别列出解析和公式。

**静态指标与计算公式**

静态指标包括财务指标和管理指标两大类。

1. 财务指标及计算公式

财务指标包括销售额、资本回收额、利润总额、销售利润、呆账率。

（1）销售额：纳税人销售货物或者应税劳务向购买方收取的全部价款和价外费用，但不包括收取的销项税额。公式如下：

销售额＝销售量 × 平均销售价格

含税的销售额＝销售额 ×（1+ 税率）

（2）资本回收额：在给定年限内等额回收或清偿初始投入的资本或所欠的债务。其中，等额款项为年资本回收额。公式如下：

A ＝ P ÷（P/A,i,n）

其中：A 是年资本回收额；P 是年金现值；i 是折现率；n 是折现年限。

（3）利润总额：企业在一定时期内通过生产经营活动实现的最终财务成果，是衡量企业经营业绩的重要指标。公式如下：

利润总额＝营业利润 + 营业外收入 – 营业外支出

（4）销售利润：企业在其全部销售业务中实现的利润。公式如下（含有 13 个影响销售利润的因素）：

销售利润＝主营业务收入 – 主营业务成本 + 其他业务收入 – 其他业务成本 – 销售费用 – 管理费用 – 财务费用 – 税金及附加 – 资产减值损失 + 公允价值变动收益 – 公允价值变动损失 + 投资收益 – 投资损失

（5）呆账率：也称为坏账率，是企业收不回来的钱与实际销售额的比率，通常不应超过 3% ~ 5%。公式如下：

呆账率＝呆账总额 ÷ 销售额 ×100%

2. 管理指标及其计算公式

管理指标包括成本费用总额和费用利润率。

（1）成本费用总额：即广义上的总成本，按企业会计制度划分，又分为营业成本和期间费用。营业成本是生产产品、提供劳务而直接发生的人工、水电、材料物料、折旧等费用；期间费用则包括营业费用、管理费用、财务费用。公式如下：

成本费用总额＝营业成本＋营业税金及附加＋销售费用＋管理费用＋财务费用

（2）费用利润率：企业在一定时期内取得的利润额与费用额的比率，表明每百元费用支出所取得的利润额。公式如下：

费用利润率＝利润总额 ÷ 成本费用总额 ×100%

**动态指标与计算方式**

动态指标是考虑了货币资金的时间价值因素而计算的指标，主要包括投资回收期（Pt）、净现值、净现值率等。

（1）投资回收期（Pt）：投资项目投产后获得的收益总额达到该投资项目投入的投资总额所需要的时间（年限）。投资回收期与资本周转速度成反比。公式如下：

投资回收期＝（累计净现金流量开始出现正值的年份数 –1）＋上一年累计净现金流量的绝对值 ÷ 出现正值年份的净现金流量

（2）净现值：未来资金（现金）流入（收入）现值与未来资金（现金）流出（支出）现值的差额。未来的资金流入与资金流出均按预计折现率各个时期的现值系数换算为现值后，再确定其净现值。公式如下：

$NPV = \sum (CI-CO) \div (1+i)^{-t}$

其中：CI 是现金流入；CO 是现金流出；（CI–CO）是第 t 年净现金流量；i 是基准收益率。

（3）净现值率：又称为净现值指数或净现值总额，是项目净现值与原始投资现值的比率，用于衡量不同投资方案的获利能力大小。净现值率小，单位投资的收益就低；净现值率大，单位投资的收益就高。公式如下：

$NPVR = NPV \div IP$

其中：IP 为投资 I 的现值。

## 第二节　构建全面预算管理体系

全面预算管理体系由两大块构成，一块是预算组织体系，包括预算管理决策机构、预算管理工作机构和预算管理执行单元；另一块是预算管理编制程序，分为五步。

**预算管理决策机构**

预算管理决策机构一般指企业董事会下设的预算管理委员会。企业可根据实际情况确定是否单独设立预算管理委员会，若不设立，可以指定相关人员组成预算管理机构，负责预算管理工作。

董事会是领导企业全面预算管理的最高权力机构，并不实际制定预算，但拥有预算审查、批准的权力。

预算管理委员会是预算管理的实际决策机构，成员一般包括：①主任——由董事长（总经理）担任；②副主任——由分管财务的副总经理或财务总监（财务经理）担任；③委员——由各部门负责人担任。

预算管理委员会的主要职责如下：

（1）对各级预算责任主体上报的预算进行审核。

（2）将编制完成的预算提交董事会审批。

（3）下达已经获得董事会批准的预算，并组织实施。

（4）监控预算执行情况，检查预算执行结果。

（5）根据预算提出考核方案，根据预算执行结果给出评价。

**预算管理工作机构**

预算管理工作机构一般指预算管理委员会下设的预算管理办公室。在不设预算管理委员会的企业，也同样没有预算管理办公室，可指定由相关人员组成的预算管理机构兼任该项工作。

预算管理办公室负责向预算管理委员会报告日常工作，成员一般包括：①主任——由分管财务的副总经理或财务总监（财务经理）担任；②副主任——由财务部门骨干人员担任；③委员——由各部门骨干人员担任。

预算管理办公室的主要职责如下：

（1）组织预算的编制、审核、汇总工作。

（2）组织下达预算的具体执行。

（3）协调解决预算编制和执行中的具体问题。

（4）分析考核各业务单元的预算执行情况。

**预算管理执行单元**

预算管理执行单元一般是指负责预算执行的各级预算执行主体，是执行运营预算和财务预算，并承担相应责任的最小组织单位。

各执行单元设预算工作小组，组长由执行单元负责人担任，成员由执行单元骨干担任。微小型执行单元也可只设置兼职组长。

预算管理执行单元的主要职责如下：

（1）制订本单元的业务计划及其预算草案。

（2）执行批准下达的本单元预算。

（3）对本单元预算的执行情况进行分析，并上报分析报告。

**预算管理编制程序**

企业在制定企业全面预算时，必须严格执行五步流程，从制定总体目标开始，到全面实施截止，具体如下：

第 1 步——制定总体目标。预算多为年度时间段预算，预算管理是为企业长期战略服务的，如同将企业长期目标拆分为年度目标。因此，制定年度预算目标一定要结合企业长期战略，掌握企业过去和当前的经营现状、财务状况和发展趋势。如可以先确定企业的总目标，再确定预算编制的方针，并以此为编制预算表的指南。

第 2 步——搜集一线资料。编制预算不能脱离实际，而是要广泛搜集一线人员对于控制成本和实现绩效的理解，进而筛选归纳出可靠且符合实际的初步预算信息作为预算编制的第一手资料。以编制销售预算表为例，要做好各项业务的收入统计和计算，做到不遗漏，不忽视；然后根据市场中相关因素和产品的历史销售情况，预测出企业未来给定年限内的销售单价和销售量。

第 3 步——汇总编制。预算编制人员要汇总各部门的初步预算，在与各部门充分沟通后，编制企业的预算总表和附表。在编制过程中遇到疑问，预算编制人员不能直接按照自己的理解和判断对资料进行修改，而是要及时与提供资料的人员沟通，关注资料提供人员的建议和想法。

第 4 步——审核修正。在各项预算表编制完成后，预算编制人员要进行审查，找出需要修改的项目。审核修改预算表要关注三点：①报表是否齐全、项目是否穷尽、数据是否正确；②项目的适用范围是否存在重叠、交叉；③项目是否能完整体现部门核心工作。

第 5 步——审批实施。各预算表审核修正完毕后，预算编制人员将预算表向上交付进行审批。待到审批通过后，预算编制人员应将预算表及时下达给各部门，展开全面实施。

## 第三节　全面预算编制方法

全面预算的编制方法，可以按预算状态是否固定、预算基础是否增量、预算实现是否滚动分为6种方法。

**固定预算**

固定预算又称为静态预算，根据预算期内正常、预期可实现的某一固定业务量（如生产量、销售量等）水平作为唯一基础编制预算。固定预算适用于经营业务稳定、产销量稳定、能较准确预测产品需求及产品成本的企业。

固定预算的优点是涉及的业务量固定，时间固定，因此编制相对简单，容易理解；缺点是不能适应环境的变化，容易造成资源错配、执行不力或执行不到位的情况。

**弹性预算**

弹性预算又称为动态预算，是固定预算的对称，是指在变动成本的基础上，以预算期间可能发生的多种业务量（如生产量、销售量等）水平为基础编制预算。弹性预算能够使预算对实际执行情况的考核与评价建立在更符合客观实际的基础上，因此能更好地发挥预算控制作用。弹性预算适用于经营业务更加灵活、产销量浮动较大、不能准确预测产品需求及产品成本的企业。

弹性预算的优点是能够适应经营环境的变化，能在一定程度上避免预算调整；缺点是预算基础要求较高，编制复杂，工作量较大，且出错率较高。

### 增量预算

增量预算又称为调整预算，以基期或上期业务量（如生产量、销售量等）水平和成本费用消耗水平为基础编制预算。增量预算是根据预算期经营目标和实际情况，结合市场竞争态势，通过对基期或上期指标数值进行增减调整而确定预算期的指标数值。

增量预算的优点是编制简单、省时省力，数据清晰易懂；缺点是预算规模逐渐扩大，可能造成预算松弛及资源浪费。

### 零基预算

零基预算是增量预算的对称，是指不考虑基期或上期预算项目和收支水平，以零为基点编制预算。零基预算不受以往预算安排和预算执行情况的影响，一切预算收支都建立在成本效益分析的基础上，根据需要和可能编制。因此，零基预算是为了克服增量预算的不足而产生的，但要想在预算中完全"忘记过去"是非常不易的。

零基预算的优点是促使企业管理者关注所有经营管理元素，有助于创造一个高效、精简的预算管理体系；缺点是对预算合理性的审查耗时费力，且容易产生足以影响企业正常经营的错误。

### 定期预算

定期预算是以不变的会计期间（如日历年度或财务年度）为预算期间的预算编制方法。定期预算的预算期间与会计期间对应，有利于实际数与预算数的对照分析。

定期预算的优点是有利于对企业内各预算执行单元执行情况进行分析评价；缺点是不能使预算编制常态化，容易引起短期行为，不利于前后预算衔接。

### 滚动预算

滚动预算是定期预算的对称，是指每过一个期间（月、季、半年）就及时增补一个期间（月、季、半年），以便让预算周期始终保持一个固定期间（一般为12个月）。

滚动预算的优点是可以反映当前事项及环境的变化，并根据这些变化持续调整对未来的预测，具有更强的期望与实际的相关性；缺点是每一期间都要编制预算表，耗时费力。

## 第四节　全面预算执行的跟踪与控制

预算编制完成之后，就要按照预算表具体执行。预算执行是否到位，不仅会影响企业本年度的工作展开，还将影响企业下一年度的工作安排，严重的甚至会导致企业无法实现经营目标。因此，企业管理者必须做好对预算执行的跟踪与控制工作，及时调整不合适的预算，以保证预算得到有效执行。

### 执行跟踪

在预算执行期间，企业管理者要组织相关人员做好预算执行的跟踪工作。跟踪的目的不是监视预算执行者，而是要帮助预算执行者解决预算执行过程中遇到的问题。

预算执行跟踪必须包含以下四项工作：

（1）定期检查/抽查预算的执行情况，分别以周、月、季为周期检查各项费用是否在预算范围内。

（2）及时发现预算执行过程中的偏差，严重的偏差上报主管领导，研究解决方法；不严重的偏差直接与执行者交流解决方法。

（3）建立广泛有深度的沟通渠道，将预算执行与跟踪有机结合起来，形成执行者与监督者的联动整体。

（4）遵守例外原则，当在预算执行过程中发生了不可控的例外情况，如市场变化、政策改变、重大自然灾害等，要及时协助预算制定者、执行者完成对预算的修正。

**差异控制**

在预算执行期间，企业管理者还要组织相关人员做好对预算差异的控制工作，找出预算制定与执行差异形成的原因。

预算差异控制必须包含以下三项工作：

（1）当跟踪人员发现整体预算或某单元预算的执行偏离预算目标时，要及时查明产生偏差的原因，确定纠偏的对象，选择适当的纠偏措施。

（2）若发生超出预期额度的预算，相关业务部门需要制订申请计划，并在计划中注明缘由，提交上级领导审核，待审核通过后才能执行新的预算计划。

（3）预算项目调整要遵循两点：①重要的预算项目调整应遵循与预算编制工作流程相一致的原则；②不重要的预算项目调整应秉持"成本和效益比较"的原则。

# 第六章　用财务思维重新认识降本增效

## 第一节　成本性态分析

成本性态也称成本习性,是成本总额与业务总量之间的依存关系。成本总额是为取得营业收入而发生的营业成本费用,包括生产成本、销售费用和管理费用。成本总额按性态分为固定成本、变动成本和混合成本三类。

**固定成本**

固定成本是在一定条件下,成本总额不随业务量变动而变动的成本项目,包括固定资产折旧费、房屋设备租赁费、财产保险费、固定底薪等。

固定成本总额具有不变性,表现为一条平行于横轴的直线,性态模型为 $y = a$；单位固定成本具有反比例变动性,单位产品负担的固定成本随着业务量变动而呈反比例变动,性态模型为 $y = a/x$（见图6-1）。

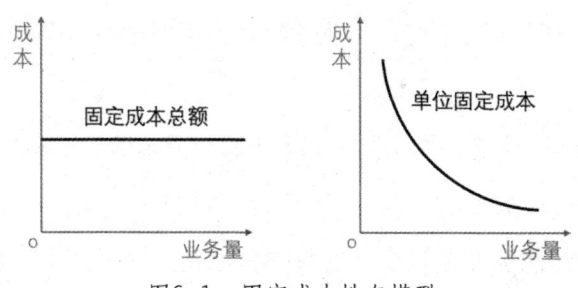

图6-1　固定成本性态模型

**变动成本**

变动成本是在一定条件下，成本总额随业务量变动而呈正比例变动的成本项目，包括直接材料费用、燃料及动力费用、计件工资、业绩提成、运输费等。

变动成本总额具有正比例变动性，表现为一条以单位变动成本为斜线的直线，性态模型为 $y=bx$；单位变动成本具有不变性，表现为一条平行于横轴的直线，性态模型为 $y=b$（见图6-2）。

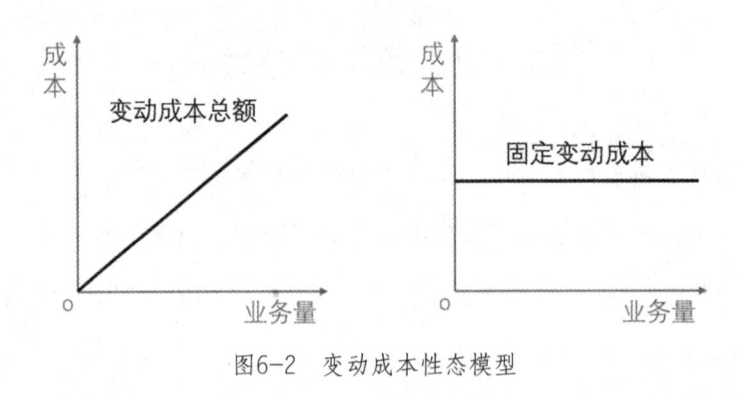

图6-2 变动成本性态模型

**混合成本**

混合成本是除固定成本和变动成本以外的成本，包括半固定成本和半变动成本。

半固定成本也称阶梯成本，当业务量在一定范围内增长时，其发生额固定不变；当业务量增长超过一定范围时，成本将跳跃式上升，但在新业务量的某个范围内保持不变；当业务量增长再超过一定限度时，成本再次跳跃式上升。

半变动成本通常有一个基数（相当于固定成本），在基数之上，业务量增加，成本也会增加。

混合成本虽然受业务量变动的影响，但变动幅度并不同业务量的变动幅度保持严格的比例关系，既不呈正比例变化，也不呈反比例变化。

## 第二节　成本管控分析

成本管控的难点在于品质（如产品质量、服务质量、管理质量等）和成本之间的正比关系。往往品质越高，所需的成本也越高；若要降低成本，则品质也会随之下降。但这种正比关系不是绝对的，即并非品质越高，所需成本就越高，关键在于成本管控实施的成效。作为企业管理者，若能将企业成本结构、量本利分析与保本点准确掌握，对成本控制将有极大帮助。

**企业成本结构**

企业的成本结构通常分为两大部分，即生产成本和销售成本。生产成本包括直接材料成本、直接人工成本和间接制造费用。销售成本是企业销售产品所产生的费用，包括办公费用、折旧费、差旅费、工资及福利等。

若要全面深入地了解企业成本结构，需要进行相关方面的计算，因此要了解相关的计算公式。

1. 单位产品的标准成本

组成产品成本的直接材料成本、直接人工成本和间接制造费用成本三项中，无论确定哪一项的标准成本，都要分别确定其标准用量和标准价格，这两者的乘积是每一个项目的标准成本，将各项目的标准成本汇总，即得到单位产品的标准成本。公式如下：

单位产品的标准成本＝直接材料标准成本＋直接人工标准成本＋间接制造费用标准成本＝$\sum$（标准用量 × 标准价格）

直接材料标准成本＝$\sum$（单位产品材料标准用量 × 材料标准价格）

直接人工标准成本＝工时用量标准 × 标准工资率

其中，标准工资率＝标准工资总额 ÷ 标准总工时

间接制造费用标准成本＝工时用量标准 × 制造费用分配率标准

2. 成本差异

成本差异主要针对直接性成本，即直接材料成本差异和直接人工成本差异。直接材料成本差异是指实际产量下实际成本与实际产量下标准成本的差异；直接人工成本差异是指企业实际总成本与实际产量下标准成本的差异。公式如下：

直接材料成本差异＝实际产量下实际成本 – 实际产量下标准成本

　　　　　　　　＝实际用量 × 实际价格 – 实际产量下标准用量 × 标准价格

　　　　　　　　＝直接材料用量差异 + 直接材料价格差异

直接人工成本差异＝实际总成本 – 实际产量下标准成本

　　　　　　　　＝实际工时 × 实际工资率 – 实际产量下标准工时 × 标准工资率

**量本利分析**

要做好成本管控，要求企业管理者必须具备量本利思维，也称为本量利思维或保本点思维。通过量本利分析，企业管理者可以知道产品卖多少钱才能保本，以指导企业用最小成本生产最多的产品，并获得最大的利润。

量本利分析是建立在量本利思维的基础上的，是"成本—业务量—利润关系分析"的简称，因此也称为盈亏分析。公式如下：

利润＝销售收入 – 总成本

　　＝销售收入 – 变动成本 – 固定成本

　　＝销售量 × 单价 – 销售量 × 单位变动成本 – 固定成本

＝销售量 ×（单价 – 单位变动成本）– 固定成本

以变动成本计算模式为前提，以数字化的会计模型与图示揭示固定成本、变动成本、销售量、单价、销售额和利润等变量之间的内在关联，为会计预测和财务规划提供必要的财务信息。

企业管理者借助量本利分析不仅能得出达到保本的销售量和销售额，还能观察到相关因素的变动对利润产生的影响。

**保本点**

保本点是指总销售收入和总成本相等，既无盈利，也无亏损，正好保本的销售量/销售额，因此又称为损益平衡点或盈亏临界点。企业管理者需学会借助保本点了解企业销售收入的下限和要达到保本状态的业务量。公式如下：

$BEP = Cf \div (p-cu-tu)$

其中：BEP 是保本点；Cf 是固定成本；p 是单位产品销售价格；cu 是单位产品变动成本；tu 是单位产品税金及附加。

保本点销售量＝盈亏平衡点收入＝年固定成本总额 ÷（1– 变动成本率）

变动成本率＝（单位变动成本 ÷ 销售单价）× 100%

单位变动成本＝（销售单价 × 变动成本率）× 100%

## 第三节　生产成本管控

生产成本也称制造成本，是企业为生产产品而发生的成本。生产成本管控可分为材料费用、人工费用和制造费用三个部分。材料费用一般属于变动成本，其体量虽大，但归属明确，核算固化；人工费用一般属于半变动半固定成本，其固定部分也与保底工作量关联，所以直接人工也可归属为较模糊的变动成本；制造费用包括固定制造费用、变动制造费用和混合制造费用（见表6–1）。

表6–1　材料费用、人工费用、制造费用的关联关系

| 项目 | 直接/间接 | 固定/变动/混合 |
|---|---|---|
| 材料费用 | 直接成本 | 变动成本 |
| 人工费用 | 直接成本 | 混合成本 |
| 制造费用 | 间接成本 | 固定成本、变动成本、混合成本 |

直接成本是指成本费用的发生与特定的产品存有直接关联的成本，通常为变动成本，也可能是固定成本。

间接成本是指成本费用的发生与特定的产品存有间接关联的成本，通常为固定成本，也可能是变动成本。

**直接材料成本**

材料成本控制是一件复杂的事情，需要多部门协同合作。由销售部门根据客户需求及动态变化决定所需采购的材料和数量；由研发部门根据产品成品性质决定所需采购材料的品质和可替代品；由采购部门根据以往合作经验和市场变化决定向哪家供应商采购和采购的大概费用……

企业直接材料成本管控以满足客户需求和企业生产为前提，管控焦点落在数量和单价上，具体方法如下：

（1）夯实物料清单。物料清单是计算物料需求、预估材料成本和按单领料的重要依据，主要应用于三个场景：①高度标准化产品制造企业——物料订单固化，以产品为会计核算对象，物料采购相对稳定；②高度定制化产品制造企业——均为非标定制化产品，以订单为会计核算对象，按订单独立设计物料清单；③综合性产品制造企业——既有标准化产品，又有定制化产品。

（2）采购竞价比价。通过供应商遴选，合理询价比价，优化采购批次，

降低材料采购成本和相应采购费用。其中，常用材料采购成本的控制方法是设定安全存量和计算经济订货批量；专用材料采购成本的控制方法是按需采购和订单采购。

**直接人工成本**

企业直接人工成本管控一定离不开企业用工过程中的劳动生产率、薪酬结构和设备替代方面的规划，具体方法如下：

（1）提高劳动生产率，包括合理安排生产、改善劳动组织、强化岗位培训、建立岗位责任制等。劳动生产率水平可以用同一劳动在单位时间内生产某种产品的数量表示（单位时间内生产的产品数量越多，劳动生产率越高），也可用生产单位产品所耗费的劳动时间表示（生产单位产品所需劳动时间越少，劳动生产率越高）。

（2）完善人工薪酬结构，包括保底生产量设计、保底薪酬设计、超额计件薪酬设计等。直接人工中的保底薪酬属于固定成本，计件薪酬属于变动成本。

（3）自动设备替代人工。人力资源的积极与消极不易察觉，但机器设备可以通过程序设定实现不间断工作。单纯从管理难度和成本效益分析，机器设备代替基础性人工是很好的做法。

**间接制造费用**

制造费用属于间接费用，是企业为组织和管理生产所发生的各项费用，包括厂房租赁费/折旧费、机器设备租赁费/折旧费/维修费、物料消耗费、水电能耗费、劳动保护费、检验试验费、财产保险费、差旅费、办公费等。可以概括为归集管控、分摊管控和目标管控。

（1）归集管控。有三项要点：①确保制造费用归集内容稳定延续；②严格区分制造费用与其他成本费用；③归集期间必须与核算期间一致。

（2）分摊管控。合理的分配方案应是经过大多数人认可且由决策者确认的，已经确定须持续保持制造费用分摊的，一般选取更靠近企业实际的分摊方法，如材料数量占比、材料金额占比、机器工时、人工工时等。

（3）目标管控。根据历史数据和未来预测确定制造费用的管控目标，分为固定性制造费用（为主）和变动性制造费用（为辅）。固定性制造费用包括厂房及其租赁费/折旧费、机器设备租赁费/折旧费/维修费、财产保险费等；变动性制造费用包括水电能耗费、差旅费、办公费等。

## 第四节　人力成本管控

人力成本是指企业在一定时期内因在生产、经营和提供劳务活动中使用劳动者而支付的所有直接费用与间接费用的总和。可以将人力成本分为以下三类：

（1）显性成本，包括薪酬成本和社会附加。其中薪酬成本包括基本工资、岗位工资、绩效工资等；社会附加包括社会保险、公积金等。

（2）隐性成本，包括加班费、补偿金、补助金等。

（3）开发成本，包括招聘成本、培训成本、福利待遇等。

人力成本管控不等于简单地减少员工收入，而是要减少相对人力成本的比重，具体方法如下：

**总成本控制法**

总成本控制法是完成人工成本控制最重要和最直接的方式。企业管理者可以参照行业人工成本标准或行业人工成本均值，来控制本企业的人力成本。如果本企业的人工成本高出行业标准或行业均值，就要进行人力成本分析，并作出相应调整。公式如下：

人力成本率＝人力成本总额÷年销售额×100%

**降低招聘环节成本**

如果企业的招聘环节做得好，不仅能为企业成功招揽合适的人才，还能有效降低员工不胜任或频繁流动造成的直接和间接经济损失。作为企业管理者必须具备以下三个招聘意识：

（1）人才适配，即清楚了解企业需要什么样的人才，一般企业选拔用人的标准是对"德"与"才"的考量。

（2）"对口"招聘，即所招聘的人员必须满足岗位的任职需求，达到人、岗、能三者匹配。

（3）文化契合，即所招聘的人员必须与企业文化、愿景、价值观高度契合，也就是寻找志同道合的人。

**降低员工流程成本**

如果员工的流动率高，企业就需要不断招聘新员工来填补岗位空缺，造成的直接损失是企业要不断花费招聘和培训费用，造成的间接损失是企业可能会因关键岗位员工的离开而导致项目停滞或项目失败。因此，作为企业管理者必须将企业的员工流动率降到最低，以稳定的人才队伍冲击业绩新高。具体方法如下：

（1）了解并满足员工的合理需求。这主要包括既要提供与员工能力相匹配的薪酬和福利待遇，也要关注能否给员工提供更广阔的个人发展空间。

（2）创造令员工满意的企业文化和工作氛围。一般来说，轻松、自由、公平、尊重的工作氛围是员工所喜欢的。

（3）优先从内部选拔递补空缺职位。当一些重要职位空缺时，要先考虑内部员工，这样既能激励员工，还能降低人工成本。

### 提高员工工作效率

控制人工成本有两种模式,一种是降低用工成本,另一种是提高工作效率,前者属于节流,后者属于开源。具体方法如下:

(1)优化工作环境,激发员工积极的工作情绪。

(2)相应降低工作压力,减轻员工的工作疲劳感。

(3)奖励创新和高产,有效提升员工的创新热情和单位产出。

(4)定期组织学习或培训,有针对性地提升员工的工作能力。

## 第五节　材料成本管控

企业在对材料的选购、运输和使用过程中,会产生大宗费用。如果企业在这一过程中判断不准和监管不力,就会造成巨大的成本浪费。

材料采购分为直接材料采购和间接材料采购。直接材料采购是生产产品的原材料采购;间接材料采购是除了生产性采购之外的东西,如生产设备、办公设备、行政设备等。

材料采购成本下降不仅体现在企业现金流出减少,还体现在产品成本下降和利润增加。以一家销售额达10亿元的公司为例,材料采购成本7亿元,员工成本1.3亿元,利润率5%即5000万元。材料采购成本每下降10%即7000万元,员工和其他成本保持不变的话,利润率将提升至12%即1.2亿元。

材料成本管控涉及面广,企业应严把采购过程中的采购量、供应商和运输方式,并严控材料的使用和回收。

### 确定最经济的采购量

企业在选购材料时,如果采购量过大,则会造成材料积压;如果采购量不足，不仅会影响生产进度，还会因增加采购频率而增加采购成本。因此，必须根据实际经营情况确定最经济的采购批量。

首先，定毛需求量，即企业完成生产任务或项目要求大概需要进购多少材料，以及进购这批材料大概需要支出多少资金。其次，确定净需求量，即从实际需要出发，完成生产任务或项目要求确切需要进购多少材料。最后，确定订单下达日期和订单数量。公式如下：

净需求量＝毛需求量－现有库存量－计划入库量

下单日期＝要求到货日期－认证周期－订单周期－缓冲时间

注：订单数量＝净需求量

**确定最佳供应商**

可以从供应商与企业的匹配度（如技术规格、设计能力、材料适用范围、维修便利程度等）、供应商信息可靠度、供应的稳定性、所报价格、创新能力五个方面筛选供应商。

要想从庞大的供应商候选名单中找出最合适的那一个，如果没有日常对供应商信息的积累和分析是做不到的，因此建议企业必须建立供应商档案。将与企业长期合作的供应商建立档案，内有基本信息，如编号、详细联系方式和地址；还要有特质信息，如付款条件、交货条款、交货期限、品质评级、银行账号等。各供应商档案应经严格审核才能归档，并做定期或不定期更新，且有专人管理。

供应商建档必须明确准入制度，重点供应商须经质检、物料、财务等部门联合考核（如有可能要对供应商实地考察），且对考核问题进行评分，只有达到或超过评分标准的供应商才能建档。虽然企业的采购不会局限于已建档的供应商范围，但应尽可能选择归档供应商，毕竟前期已经做了大量的考核工作，用着放心，不必再浪费时间进行考核、分析等。

**选取合理运输方式**

一些企业只注重材料采购时的成本管控，却忽略了材料运输时的成本管控，导致"小头大尾"，辛辛苦苦省下的采购成本都耗费在运输过程中了。那么，有哪些方法可以降低材料的运输成本呢？

（1）根据采购量和采购急迫性选择性价比高的运输工具，如采购量大且不急用的材料可以采用路运或船运，采购量小且急用的材料可以采用空运。

（2）根据采购地点优化运输线路，在非必要的情况下，中途尽量避免转换运输工具或倒运。

（3）使用合格的运输人员，如负责任的司机和押运人员，保证按时送到，最大限度地降低事故风险可能造成的损失。

（4）若企业通过物流外包运输，需要明确损失归属问题，对于在运输途中出现的产品损坏损失，要明文规定谁的责任由谁承担。

**严格执行材料使用规划**

材料送抵企业后，就到了被使用的环节。很多企业的材料成本控制就截止在这个环节了。其实，加强材料使用规划也是材料成本管控非常重要的一步，可以降低潜在的成本浪费。具体做法如下：

（1）制订详细的生产用料方案，严格控制材料用量。

（2）严格按照方案的规划进行生产，做到每一步都有案可依。

（3）出现超额用料情况，应递交申请给相关部门，并注明原有和具体超额量。

（4）生产任务下达后，要求具体生产小组或人员附上完成该任务的材料清单。

**做好残料、废料回收工作**

材料成本管控不应只停留在材料使用之前和使用之中，材料使用完成之后，对边角料、残料、废料的回收管控也是成本管控的重要一环。

例如，边角料虽然零碎，但集中在一起或许就有更合适的用处，就可以节省整料的使用量；又如，残料虽然当下不能使用了，但将可用的部分收集起来，就可能找到使用的场景，如此就能节省好料的使用量；再如，即便是废料也不应轻易丢弃，集中起来予以退货或废品售卖，可以换得一部分资金。

因此，企业要将边角料、残料、废料分成可再利用的和不可再利用的，然后记录在案，集中堆放以备具体处置。

## 第六节　库存成本管控

广义的库存成本是整个库存过程中发生的全部费用，包括订货成本、购入成本、库存持有成本、缺货成本和物流成本等。狭义的库存成本是产品入库存放时产生的费用，主要是指库存持有成本。因为已将材料成本单列讨论，本节的库存成本只讨论狭义的库存成本。

**消除恶性库存**

库存问题是压在每一位企业管理者身上的大山，库存多了会造成恶性积压，严重影响企业资金回流；库存少了可能出现供不应求的局面，也会影响企业的生存发展。因此，企业管理者要具有良性库存思维，将库存量控制在既能满足生产，也能满足交付需要的状况下。

恶性库存与良性库存相对，当库存量远大于企业正常经营所需要的库存量时，就形成了恶性库存。恶性库存会降低资本利润率，占用人力空间，且库存本身会变质，因此必须予以消除。消除恶性库存的方法如下：

（1）科学采购。充分考虑库存成本，做好生产数据分析，让库存与生产形成联动机制，有多少生产需要，就储备多少库存，从源头上消除恶性库存形成的条件。

（2）减少积压。根据实际经营情况和产品所处的生命周期、销售时节、促销安排，及时处理积压库存，从全局范围消灭恶性库存。

**降低库存持有成本**

库存量不是越小越好，更不是越大越好，企业想要降低库存持有成本，就要确定最佳库存量。最佳库存量需要确定时间单位，即年、季、月、周。年和季的时间跨度长，不利于准确确定最佳库存量；周的时间跨度短，会导致经常需要确定最佳库存量，反而增加了相关人工成本。因此，确定最佳库存量的时间跨度是月，但企业也可根据实际经营需要确定合适的时间跨度。下面以公式的形式介绍两个确定最佳库存量的方法：

（1）基准库存法。月最佳库存量＝月营业预算＋年营业预算÷商品周转率－年营业预算÷12

（2）百分率变异法。月最佳库存量＝年营业额预算÷商品周转率×0.5×（1+特定月营业额预算＋年营业额预算÷2）

**实行"ABC库存管理法"**

不少企业不仅存在库存积压的情况，还存在库存分类不合理的情况，导致某些物料积压过多，某些物料严重短缺。这是由于对库存管理不到位，以及对库存类别缺乏科学认知所致，如此既增加了库存持有成本，还降低了库存实际作用。

在此，推荐"ABC库存管理法"，其优点是能将库存类别明确分类，并根据库存货物的价格划分重要程度。

非常重要的货物为A类，应占库存资金的80%左右，占库存品种的20%左右。增加或减少该类货物对库存金额的影响较大，建议采取"出多少，进多少"的补货原则，在保证 A 类货物库存量的情况下提高其周转效率，同时要做到严格检查 A 类货物的数量和质量。

一般重要的货物为 B 类，应占库存资金的 15% 左右，占库存品种的 30% 左右。建议采取"进比出多一点"的补货原则，需定期抽查 B 类货物的数量和质量，并定期清理冗余库存量。

不重要的货物为 C 类，应占库存资金的 5% 左右，占库存品种的 50% 左右。数量繁多，但价值不大，建议采取"进比出多一些"的补货原则，需监控 C 类货物的数量，并及时清理冗余库存量。

## 第七节　费用成本管控

企业经营中涉及的费用纷繁复杂，因此要对费用进行有效管理，就必须建立高效的费用成本管控机制，尽可能将各种费用纳入管控机制中。

**费用标准分类**

费用标准分类如下：

（1）无标准凭票实报实销。无标准指无法制定标准或无须制定标准，其中，无法制定标准是企业无法把控该项费用的标准制定，如水费、电费等；无须制定标准主要指企业高级管理人员的实报实销类费用。

（2）有标准凭票实报实销。概括性设定项目标准，具体以实际票据金额为准。例如，某公司差旅费设定"某层级员工可乘坐航班商务舱、高铁商务座"，实际出差即以航班商务舱、高铁商务座实际票据金额为准报销。

（3）标准内凭票据实报实销。设定项目的单位标准上限，经办人员在标准内凭合法票据报销，超标部分不得报销，经特批的超标部分可报销。

例如，某公司规定市内办事误餐费为每餐40元，经办人员费用在40元以内凭票报销，超过40元的只能报销40元，经过特批的超过40元的，或者全额报销，或者报销特批的金额。

（4）限额标准包干使用。设定项目的单位标准，经办人员包干使用，可不需要对应票据，一般适用于杂费类费用项目。

**借支与请款**

借支是企业员工因公务事由需提前借出款项的行为。借支人必须是和企业存在劳动合同关系的人员。借支事由必须是企业公共事务所需。

请款即申请支付款项，包括采购类请款和非采购类请款。采购类请款又分为材料类请款和工程设备类请款等；非采购类请款是指除采购类请款以外的其他零星类情况。请款的申请人必须是企业员工，即使外部相关者现场办理，也必须由企业员工发起申请。请款事由必须是企业公共事务所需。请款的收款方可以是其他企业，也可以是非本企业员工的其他自然人。

借支与请款虽然是不同的财务行为，但操作流程基本相同。不过因为企业规模不同，操作流程中的环节设定会有所不同，大企业的环节相对多一些，中小企业的环节相对少一些，小微企业的环节会更加简化（见图6–3）。

经办人员填写单据 → 经办人员部门负责人审核 → 会计审核 → 财务部门负责人审核 → 总经理审批 → 出纳办理

图6–3 中小企业费用借支与情况常规流程

**报销与冲账**

报销与冲账是经办人员业务办理完毕，整理票据且经审核审批后，办理报销领取现金或冲抵先期借支（或零星请款）的行为，分为单纯费用报销、报销冲等额借支（或零星请款）、报销冲借支/付垫付款、报销冲借支/收剩余款等四种情况。

在报销与冲账管理中，必须明确审批完毕的报销单据等同于资金。在现金或现金支票报销情形下，报销单据和资金实时两讫；在网银报销情形下，报销单据和资金支付一般存在时间差，因此收据作为时间差的证明性文件必须保证有据可依、准确无误和双方认可。

（1）所有报销冲账都须开具收据。即便报销冲借支再收剩余款是现场两讫，也必须开具收据。如果报销冲账不开具收据，经办人员就要常常到财务部门查询账目。

（2）收据的书写格式固定。企业需要将常用的四种收据的书写格式固定下来，否则容易引起歧义（见表6-2）。

表6-2　冲账与报销的收据书写格式

| 类型 | 收据书写示范 |
| --- | --- |
| 单纯费用报销 | 收A报销单据800元，银行支付800元 |
| 报销冲等额借支 | 收A报销单据800元，冲A借支800元 |
| 报销冲借支/付垫付款 | 收A报销单据800元，冲A借支700元，银行支付100元 |
| 报销冲借支/收剩余款 | 收A报销单据800元，冲A借支900元，收A现金100元 |

（3）收据双方都须签认。收据必须经出纳和经办人员共同签认，但很多小公司经常忽视这一点，收据要么只有出纳一人签字，要么谁的签字都没有，为经营埋下财务纠纷的种子。

**其他常规费用管控**

其他常规费用的管控主要有以下几种：

（1）业务费用管控。业务费用是指为拓展企业业务发生的接待与对外联络的招待类费用，包括客户来访、拜访客户、商务宴请等。业务费用的使用主体是企业高级管理人员或部门负责人等，需做好业务费用的申请管控、预算管控和报销人员管控的工作。且因业务招待活动中突发情况较多，因此应根据企业实际情况制定一套合理的业务费用标准。

（2）车辆费用管控。企业需要派专人（车辆管理人员）负责车辆信息登记、资质保管、车辆调度、运行管理的相关工作，以达到车辆费用管控的目的。一般情况下，属于管控范围的企业车辆包括职务配车、公务车辆和租赁车辆。车辆费用管控需重点做好四项管控工作：①里程管控。司乘人员每次出车必须登记起始地点、起始里程数、终到地点、终到里程数。②油费管控。车辆加油卡应统一由车辆管理人员负责办理和保管，一车一卡，司乘人员须提供加油明细清单。③维修管控。车辆需定期到企业指定维修处保养，特殊情况如长途出差期间的维修经请示同意后可就近维修。④周期管控。车辆使用费用必须按车按月报销，不允许一月多次或多月一次的报销方式。

（3）差旅费用管控。因存在"将在外不由帅、开支环境多样、历史难以复原"的特点而较难控制。企业应制定相应的规则，将可能涉及的方方面面进行明确规定。

（4）办公用品费用管控。需遵循"大件办公用品独立管控、公用办公用品集中管控、日常办公用品总量管控"的原则。

# 第七章 财税思维的核心是"现金为王"

## 第一节 现金的最佳持有量

现金管控的目的就是要让持有现金的成本最低而效益最大。虽然"现金为王"是企业生存发展的核心理念之一，但并不意味着企业的现金量越多越好，这里所说的"现金为王"是希望企业能保持最佳的现金持有量。现金持有量过多，会导致现金利用率下降，现金增值能力减弱；现金持有量过少，则无法保证企业生产经营等各种开支需要，使企业应对风险的能力降低。那么，到底应该保留多少现金才是最佳持有量呢？

**通过成本分析确定最佳现金持有量**

最佳现金持有量就是要在资产的流动性和盈利能力之间作出抉择，以最小的代价获得最大的长期利润。可以通过分析持有现金的成本，来找出使持有成本最低的现金持有量。

企业持有现金的成本有以下三种：

（1）机会成本：持有现金的成本，主要体现在由于选择持有现金而使企业丧失的其他投资机会可能带来的收益等。

（2）管理成本：管理现金的各种开支，包括财务管理人员的工资、现金管理安全防范支出等。

（3）**短缺成本**：缺乏现金的代价，主要表现在现金短缺造成企业生产停滞等问题而蒙受的各项损失。

某公司有四种现金持有方案可供选择，根据该公司以往的经营实际，各种方案下现金持有量的机会成本、管理成本和短缺成本都被计算了出来，其中机会成本是按该公司平均资本收益率的15%确定的，已知员工工资基本固定，则哪种方案为该公司的最佳现金持有量呢（见表7-1）？

表7-1　某公司不同方案的现金持有量

| 方案 | 第1种 | 第2种 | 第3种 | 第4种 |
| --- | --- | --- | --- | --- |
| 现金持有量（元） | 50,000 | 100,000 | 150,000 | 200,000 |
| 机会成本（元） | 7500 | 15,000 | 22,500 | 30,000 |
| 管理成本（元） | 10,000 | 10,000 | 10,000 | 10,000 |
| 短缺成本（元） | 40,000 | 30,000 | 20,000 | 10,000 |
| 总成本（元） | 57,500 | 55,000 | 52,500 | 50,000 |

企业现金越多，机会成本就越高；但现金越少，短缺成本就越高，两种情况都将严重影响企业的生存发展。因此，4种方案中的最高现金持有量和最低现金持有量被首先排除。第2种和第3种对比后，现金持有总成本差别不大，如果倾向发展为主，则可确定150,000元为公司最佳现金持有量；如果倾向稳健为主，则可确定100,000元为公司最佳现金持有量。

**通过现金周转确定最佳现金持有量**

现金每周转一次所需要的时间就是现金周期。很多企业管理者认为现金周期与营业周期是相同的，其实两者差别很大（见图7-1）。

由于企业可以赊购，即在购买原材料时暂时不付款，保留一定的信用期间，故这段时间并不需要现金支付。因此，现金周期与营业周期的关系是，现金周期=营业周期−平均付款期。

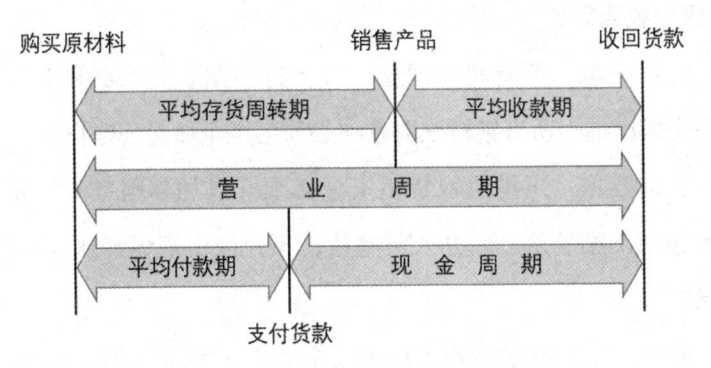

```
购买原材料          销售产品         收回货款
    ←—— 平均存货周转期 ——→ ←—— 平均收款期 ——→
    ←——————— 营  业  周  期 ———————→
    ←—— 平均付款期 ——→ ←———— 现 金 周 期 ————→
                   支付货款
```

图7-1 现金周期与营业周期

在现金周转模式下,最佳现金持有量的计算过程可分为如下三步:

(1)确定企业的现金周期,通常根据以往经营判断得出。

(2)计算现金周转次数(T)。T = 360 ÷ 现金周转天数。

(3)确定最佳现金持有量(M)。M = 企业全年的现金需求量(D)÷ T。

## 第二节 资金安全管控措施

货币资金因为流动性强,是保证企业经营运转的第一支柱,但同时也容易受到侵害。因此,资金安全管控应作为企业财务风险防控的底线任务。作为企业管理者必须领导企业守住这条底线,否则就难以谈得上具有财务思维。

**严把"收支两条线"**

资金安全管控必须严把"收支两条线",收只能是收,支只能是支,泾渭分明,资金从收到支需要严格的管控流程,绝不允许出现坐支现象,即收入在纳入政务体系之前就直接用于支出了。

资金安全管控包括收入、存放、支出和支付四个环节,每个环节又分为三个子环节,汇总起来就是完整的货币资金收支关系。

1. 资金收入管控

（1）专口收取：所有货币现金（含银行票据）收取必须在工作场所、工作时间交付出纳；所有银行收取款项必须汇至企业对公账户。

（2）凭据收取：出纳收取货币资金必须开具加盖财务专用章的收据，收据必须包括出纳签认、经办人员签认，不允许出现无签认或单人签认收据的情况。

（3）警戒提示：提示客户（或潜在交款人）款项必须交付企业对公账户，不得私下转交；向企业内部业务人员强调，不得直接收取客户（或潜在交款人）的款项。

2. 资金存放管控

（1）准确记录：资金存放前必须详细记录是谁负责接收的，有谁参与了接收，一共收到几笔，每笔多少钱，每笔钱的来源等。

（2）安全位置：现金或银行票据必须存放在企业规定的安全区域，一般放在财务室的保险柜内，该区域必须加强安保措施。

（3）资金盘点：确认资金状态安全，对于经常流动的资金采用出纳自盘；对于长期不流动的现金采用现金监盘（分为定期监盘和不定期监盘）。

3. 资金支出管控

（1）逐级核批：一项资金支付通常要经过"经办人员申请→经办部门负责人审核→会计审核→财务部门负责人审核→总经理审批→出纳支付"六个环节。具体环节设定可根据企业实际情况而定。

（2）单笔审批：也称为一支笔审批，目的是简化中小企业的逐级核批流程，通常由企业负责人一人审批，即可确定资金支出。

（3）印章分管：目的是分开付款操作权和付款审核权，同一笔付款业务必须经由两人或两人以上协作配合才能完成支付。财务专用章一般由财务部门负责人或其指定非出纳人员保管，法人章可由出纳保管。

4. 资金支付管控

（1）**凭单支付**：所有资金支付必须凭借审批完备的支出类单据支付，如请款单、借支单、费用报销单等。

（2）**逐级支付**：一笔款项支付应当经历两人或两人以上的支付流程。即便是最简单的现金报销费用，费用报销单上也必须有出纳签名及报销人收款签名。

（3）**使用监管**：有些资金需要继续对使用过程进行监督，如经营性借款在支付后需要持续监督使用效果。

**现金的内部控制**

上一部分我们对货币现金的"收支两条线"监管体系进行了详细介绍，本部分则介绍现金的内部管控，即企业应当做好现金的限额设定，进一步确定提取和盘点规范，强力保障企业现金安全。

1. 现金限额设定

出纳应根据企业日常现金使用量拟定现金限额，以财务部门的名义报请总经理审批后执行（见表7-2）。

表7-2　现金存放限额申请表

| | |
|---|---|
| 申请人 | |
| 现金存放限额申请 | |
| 财务部门负责人（签字） | |
| 总经理（签字） | |

2. 现金提取申请

取现行为虽属于企业内部资金流转，但也不能仅依据财务部门负责人与出纳的口头沟通完成，而是要出纳根据现金使用量填写取现申请单报请财务部门负责人审批，财务专用章保管人员再根据审批后的取现申请单加盖一张，出纳才能完成取现（见表7-3）。

表7-3　取现申请单

| 申请前库存现金余额（元） | | | | |
|---|---|---|---|---|
| 需支出现金 | 序号 | 事项 | 金额（元） | 备注 |
| | 1 | | | |
| | 2 | | | |
| | 3 | | | |
| | 4 | | | |
| | 5 | | | |
| | 小计 | | | |
| 本次申请取现金额（元） | | | 本次支取是否超过库存现金余额 是□　否□ | |
| 支出后库存现金余额（元） | | | | |

3. 现金盘点

现金盘点包括出纳自盘和现金监盘。出纳必须每日自盘现金，确保日清。现金监盘又分为定期监盘和不定期监盘。定期监盘一般在月末进行，确保现金账实相符；不定期监盘的频率由财务部门负责人确定，强调突然性，以确保现金账实相符。

与定期监盘不同，不定期监盘因为具有突然性，涉及的人员较多，流程也比较复杂（见图7-2）。

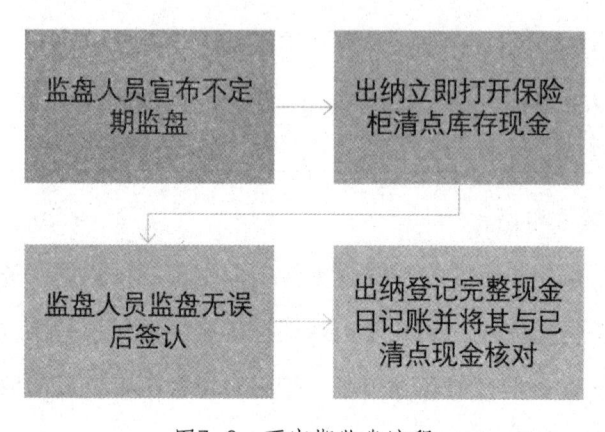

监盘人员宣布不定期监盘 → 出纳立即打开保险柜清点库存现金 → 监盘人员监盘无误后签认 → 出纳登记完整现金日记账并将其与已清点现金核对

图7-2　不定期监盘流程

## 第三节　加强银行存款管控

企业去银行送交存款时，应填写"解款单"，注明款项的来源和金额，连同现金一并送交银行。银行点收后，在"解款单"的回单联加盖"收讫"戳记退还企业，作为企业记入结算户存款增加的依据。如果送存银行的款项既有现金，又有收进的支票，则应分别填制，以利于银行分别办理收款手续。

企业将现金（和支票）存入银行，并不意味着就可以高枕无忧了。切实加强对银行存款的管控，是企业现金管理的重要工作，必须做到账款相符，并做好银企沟通。

**管理好转账支票**

管理转账支票包括以下几个要点：

（1）专人管理。支票由出纳管理，领取支票需由经办人员填写支票领用单，经总经理审批签字后，出纳方可签发。

（2）签发管理。签发支票时必须详细填写日期、用途、金额（或限额），不得开空头支票或远期支票。

（3）签发支票授权。应先由经办人员持填写的借据和计算凭证（包括购货发票、账单、收据等），经财务部门负责人和总经理签字同意后，再由出纳开出转账支票。

（4）支票报销。领取支票后，凭正式发票，且需经总经理审批后，出纳方可办理报销手续。

（5）登记银行存款日记账。总经理必须要求财务部门逐日登记银行存款日记账，对每笔支出及时登记，便于月末与银行对账。

**每月必须与银行对账**

企业与开户银行核对账目，即将企业的银行存款日记账与从银行取得的对账单逐笔进行核对，以查明银行存款的收入、付出和结余的记录是否正确。在与银行对账之前，企业需先检查银行存款日记账的正确性和完整性，确保对账能顺利进行。

在实务操作中，会出现银行存款日记账与银行对账单余额不一致的情况，主要原因是银行、企业某一方或双方记账有误，此时必须逐笔核对查清，并进行更正。

此外，如果银行、企业双方记账时间不一致，就会出现一方已经入账而另一方尚未入账的款项，这就是未达账项，可以分为四种情况：①银行已经入账，企业尚未收款入账；②银行已付入账，企业尚未付款入账；③企业已收入账，银行尚未收款入账；④企业已付入账，银行尚未付款入账。

**防止票据丢失**

企业通过银行转账收入的款项，以银行转来的收款凭证作为结算户存款的增加。

企业从银行提取现金或委托银行支付款项时，应按规定签发支票或其他结算凭证。银行据此减少企业的结算户存款，企业则以支票存根或其他结算凭证的回单联作为企业记入结算户存款减少的依据。

由上述可知，票据对企业经营来说非常重要，其不仅是企业交易流转中的凭证，还是企业合法经营的凭证。因此，企业一定要做好票据保管工作，在需要进行制度管理的地方设置好制度，在需要专管的地方设置专人管理，以防止票据丢失。

## 第四节 资金周转速度

资金周转的核心问题是资金运动的时间（或速度）及其对于资金占用数量和产品生产、价值创造的影响。资金周转时间由生产时间和流通时间构成，但企业因产品性质、生产条件、地理位置、产销距离、运输工具的不同，生产时间与流通时间必然长短不一，形成不同的资金周转时间。

资金一年内周转次数＝一年内资金周转总额÷年预付资金总额

资金一年内的周转次数通常用来表示资金周转速度，影响资金周转速度的因素有两点：①生产资金的构成；②资金周转时间的长短。

资金周转时间的长短受生产过程和流通过程中多种经济、技术和组织状况的制约，因而不同企业或同企业的不同部门的资金都有不同的周转速度。

**一般资金周转**

某公司商品销售毛利率为30%，原始投入资金为100万元，月固定成本费用为10万元且月末支付，每月所赚利润全部投入生产中。如果客户账期为到货30日收款（为便于计算，假定商品到货即全部销售，且不考虑其他因素），算出该公司两个月内资金周转情况及利润（见表7-4）。

表7-4 某公司资金周转及利润（一般速度）

单位：万元

| 序号 | 项目 | 1月1日 | 1月15日 | 2月1日 | 2月15日 | 3月1日 |
|---|---|---|---|---|---|---|
| 一 | 现金流入 | 100 | 0 | 142.86 | 0 | 189.80 |
| 1 | 原始投入 | 100 | | | | |
| 2 | 收商品货款 | | | 142.86 | | 189.80 |

续表

| 序号 | 项目 | 1月1日 | 1月15日 | 2月1日 | 2月15日 | 3月1日 |
|---|---|---|---|---|---|---|
| 二 | 现金流出 | 0 | 0 | 10 | 0 | 10 |
| 1 | 付商品货款 |  | 0 | 0 | 0 | 0 |
| 2 | 付费用开支 |  |  | 10 |  | 10 |
| 三 | 净现金流量 | 100 |  | 132.86 |  | 179.80 |
| 四 | 累计现金流量 | 100 |  | 132.86 |  | 179.80 |

注：在两个月时间内，扣除原始投入的100万元，该公司在资金一般周转速度的情况下，共获取利润79.8万元。

### 加速资金周转

某公司商品销售毛利率为25%，原始投入资金为100万元，月固定成本费用为10万元且月末支付，每月所赚利润全部投入生产中。如果客户账期为到货15日收款（为便于计算，假定商品到货即全部销售，且不考虑其他因素），算出该公司两个月内资金周转情况及利润。（见表7-5）

表7-5　某公司资金周转及利润（加速）

金额单位：万元

| 序号 | 项目 | 1月1日 | 1月15日 | 2月1日 | 2月15日 | 3月1日 |
|---|---|---|---|---|---|---|
| 一 | 现金流入 | 100 | 133.33 | 177.78 | 223.70 | 298.27 |
| 1 | 原始投入 | 100 |  |  |  |  |
| 2 | 收商品货款 |  | 133.33 | 177.78 | 223.70 | 298.27 |
| 二 | 现金流出 | 0 | 0 | 10 | 0 | 10 |
| 1 | 付商品货款 |  | 0 | 0 | 0 | 0 |
| 2 | 付费用开支 |  |  | 10 |  | 10 |
| 三 | 净现金流量 | 100 | 133.33 | 167.78 | 223.70 | 288.27 |
| 四 | 累计现金流量 | 100 | 133.33 | 167.78 | 223.70 | 288.27 |

注：在两个月时间内，扣除原始投入的100万元，该公司在加快了资金周转速度的情况下，共获取利润188.27万元。

# 第八章 "应收账款"是企业的编外资金

## 第一节 应收账款产生的成本

应收账款是企业对外销售产品或提供劳务应收未收的款项,包括应收销售款、应收票据、其他应收款。应收账款是企业信用销售的产物,也是企业流动资产的重要组成部分,属于企业的债权。

企业应收账款管理的目标是在应收账款信用政策所增加的盈利和成本之间作出权衡。企业应合理降低应收款项额度,避免应收账款形成坏账的风险。企业持有应收账款需要付出一定的代价,主要包括以下4类:

**机会成本**

如果企业进行现金销售而不是赊销,收回的货款就可以进行投资产生投资收益,或者用于再次生产商品产生销售收益。但赊销形成的应收账款导致这些潜在收益丧失,因此,资金因投放于应收账款而放弃其他投资所带来的收益,就是应收账款的机会成本。公式如下:

应收账款机会成本 = 维持赊销业务资本所需的资金 × 资本成本率

其中:维持赊销业务资本所需的资金 = 应收账款平均余额 × 变动成本率

例如，某企业应收账款年平均占用额为1000万元，同期资金市场的利率为10%，则机会成本就是100万元。

**资金成本**

资金成本是指企业筹集和使用资金所付出的代价，主要体现在三个方面：①因应收账款拖欠导致欠款不能存入银行而损失的利息；②因应收账款拖欠导致企业资金流紧张，不得不增加贷款或借款而增加的利息支出；③因应收账款长期被某一个或某几个客户占用，导致企业必须重新寻找其他客户而需要支出的费用。

资金成本是应收账款的四项成本中最容易被忽视的，但却是实实在在存在的，且同样能给企业带来巨大经济损失。

**管理成本**

管理成本是应收账款的间接成本，主要包括制定信用政策费用、对客户资信状况调查与跟踪费用、应收账款记录簿记与监管费用，以及收账过程中支出的差旅费、通信费、工资薪金、法律诉讼费等其他与应收账款有关的费用。

我国企业中，往往有一个或几个部门共同负责收账，有的企业还专门成立了清欠部门负责收账，甚至聘请专业的讨债公司帮助收账。事实证明，虽然将收账的职能独立出来或者外包出去，能显著提高应收账款的回收效率，但也同时增加企业的应收账款管理成本。

**坏账成本**

坏账成本是应收账款无法收回给企业带来的经济损失，是应收账款的直接成本。坏账损失的确认条件有以下三个：

（1）债务单位撤销，依法清偿后确实无法追加的部分。

（2）债务人死亡，以其遗产清偿后确实不能收回的部分。

（3）债务逾期，债务人逾期未履行债务超过三年确实不能收回的应收账款。

坏账成本与应收账款数额呈正比例变动，即应收账款越多，坏账成本就越多。因此，企业必须严格控制应收账款的余额，并加快应收账款的回收与周转速度。

## 第二节　应收账款的三种管理方法

应收账款堪称企业的"两难"问题，多了会增加企业的资金压力，少了又会影响企业的经营宽度。究竟该如何管理应收账款呢？本节给出三种办法供参考。

**是否该延长信用期**

某公司目前的产品销售信用期是 30 天，即赊销回款期限是 30 天。客户希望将销售信用期放宽至 60 天，如此预计销售量将增加 20%，年销售额将从 500 万元增加到 600 万元。该公司销售的产品毛利率为 20%，该公司投资的最低回报率为 12%。如果销售信用期从 30 天增加为 60 天，应收账款可能发生的收账费用和坏账损失，将分别从 3 万元涨到 5 万元和从 4 万元涨到 9 万元。那么，该公司是否应该将销售信用期放宽至 60 天呢？

信用期延长后，将导致销售额增加带来的毛利润增加。信用期为 30 天的毛利润是 100 万元（500 万元 ×20%），信用期为 60 天的毛利润是 120 万元（600 万元 ×20%）。因此，收益增加＝毛利润增加＝ 120 万元 –100 万元＝ 20 万元。

信用期延长后，应收账款占用资金的机会成本也将增加，应按投资回报率计算出收益值（假定企业年销售额都是应收账款）。信用期为 30 天的应收账款机会成本是5万元（500万元÷360天×30天×12%投资回报率），信用期为60天的应收账款机会成本是12万元（600万元÷360天×60天×12%投资回报率）。因此，应收账款机会成本增加额是7万元（12万元–5万元）。

信用期延长后，应收账款可能发生的收账费用将增加2万元（5万元–3万元）。

信用期延长后，应收账款可能发生的坏账损失将增加5万元（9万元–4万元）。

信用期延长后，要计算出新的净损益，用增加的收益减去增加的成本费用，得到6万元［20万元–（7万元+2万元+5万元）］。

该公司延长信用期后，毛利润增加了20万元，再结合应收账款的管理看，得出净利润增加6万元。相对比年销售500万元、毛利润100万元的企业，6万元的净利润增加并不算多，还要背负更多应收账款收账费用和坏账损失的风险，因此，不建议该公司延长信用期。

### 是否对所有客户赊销

当企业具有较强的抗风险能力时，可以以较低的信用标准提高竞争力，以争取客户；反之，则应选择较高的信用标准，以降低坏账带来的经营风险。但是，无论如何都不建议企业对所有客户均采用赊销，而应建立客户信用等级标注，减少坏账的可能性。

信用标准是客户获得企业的交易信用所应具备的条件，是企业对客户的基本评价。企业通常应确定一个基准，用来评价客户等级，作为是否给予或者拒绝客户信用的依据。如果客户达不到信用等级，就不能享受赊销或者只能享受对应等级的信用优惠。

设定信用等级的条件通常包含以下五项：

（1）品质：客户的偿债历史信息和口碑。企业应了解客户过去的付款记录，查实其是否有按期如数付款的良好习惯。相互之间经常往来且能及时付款的客户，信用销售风险最小。

（2）能力：客户的实际偿债能力。可以用流动资产的数量和质量以及与流动负债的比例来衡量。客户的流动资产越多、质量越好，其转换现金的偿债能力越强。

（3）资本：客户的财务实力。具体包括客户的注册资产、总资产、净资产和所有者权益等，客户的企业规模越大，偿债能力越强。

（4）抵押：适用不知底细或信用状况的客户。当客户恶意拒付款项或者无力偿还时，能被用作抵押的资产或承担连带责任的担保人。

（5）条件：分析可能影响客户偿债能力的经济环境。了解客户在过去遭遇经济衰退、金融危机、通货膨胀、全球疫情等情况时的偿债历史。

**是否定期核对往来账**

虽然这个标题用了疑问句，但对于"是否定期核对往来账"的答案永远都是"YES"。因为应收账款是企业重要的债权，不能进行有效管理就会成为"糊涂账"，因此，必须定期与客户核对往来账。

企业应根据业务量大小及时间等因素，定期对应收账款进行核对，并由双方当事人签章，作为有效的对账依据，如发现差错，应及时处理。

一般对账工作由债权企业主动发起，如果债权企业应收账款记录不准确，会让客户以"往来账目不清楚"为借口拒绝付款或拖延付款。因此，债权企业应先检查本企业明细账余额与客户往来余额，做到账账相符，再发起对账。

债权企业应收账款对账工作可由销售部门定期与客户进行，并将对账情况和收款情况及时通报财务部门。

# 第九章　合理利用固定资产，减少资金占用

## 第一节　依法定义固定资产

固定资产是企业资产的重要组成部分，也是企业用于生产经营的主要资产。从会计角度划分，固定资产一般分为生产用固定资产、非生产用固定资产、租出固定资产、未使用固定资产、不需用固定资产、融资租赁固定资产、接受捐赠固定资产等。

固定资产的主要特点是价值比较大，使用时间比较长，能长期地、重复地参加生产过程。因此，固定资产在生产过程中会发生磨损，但并不改变其本身的实物形态，而是根据其磨损程度，逐步将其价值转移到产品中去，其价值转移部分回收后形成折旧基金。

**固定资产定义**

通过会计和税务两个方面进一步解释企业固定资产。《企业会计准则第4号——固定资产》第三条："固定资产，是指同时具有下列特征的有形资产：（一）为生产商品、提供劳务、出租或经营管理而持有的；（二）使用寿命超过一个会计年度。

使用寿命，是指企业使用固定资产的预计期间，或者该固定资产所能生产产品或提供劳务的数量。"

《企业所得税法实施条例》第五十七条："企业所得税法第十一条所称固定资产，是指企业为生产产品、提供劳务、出租或者经营管理而持有的、使用时间超过 12 个月的非货币性资产，包括房屋、建筑物、机器、机械、运输工具以及其他与生产经营活动有关的设备、器具、工具等。"

由上可知，《企业会计准则》和《企业所得税法实施条例》对于固定资产采取描述性的定义，给予企业一定的自由选择权。

**固定资产入账**

固定资产的取得一般包括外购、租入、自建、投资者投入、非货币性资产交换、融资租赁、债务重组、企业合并、捐赠等。《企业会计准则》和《企业所得税法实施条例》关于固定资产的取得方式和入账价值的确定本质趋同，只是存在细节性差异（见表9-1）。

表9-1　《企业会计准则》和《企业所得税法实施条例》的固定资产入账差异

| 取得方式 | 企业会计准则 | 企业所得税法实施条例 |
| --- | --- | --- |
| 借款费用 | 按借款费用准则处理 | 未专项表示 |
| 弃置费用 | 应考虑预计弃置费用因素 | |
| 外购（租入） | 购买（租入）价款、相关税费，是指资产达到预定可使用状态前发生的可归属的运输、装卸、安装费和专业人员服务费等 | 以购买（租入）价款和支付的相关税费，使该资产达到预定用途发生的其他支出为计税基础 |
| 自建 | 建造该项资产达到预定可使用状态前所发生的必要支出 | 以竣工结算前发生的支出为计税基础 |
| 投资者投入 | 按照投资合同或协议约定价值确定，但合同或协议约定价值不公允的除外 | 以该资产的公允价值和支付的相关税费为计税基础 |
| 非货币性资产交换 | 分别按各项具体准则确定 | |
| 融资租赁 | | |
| 债务重组 | | |
| 企业合并 | | |
| 捐赠 | | |

### 固定资产折旧

企业应根据固定资产的性质和使用情况,合理确定固定资产的使用寿命和预计净残值。固定资产的预计净残值一经确定,不得变更。

《企业会计准则第 4 号——固定资产》第五条:"固定资产的各组成部分具有不同使用寿命或者以不同方式为企业提供经济利益,适用不同折旧率或折旧方法的,应当分别将各组成部分确认为单项固定资产。"

《企业所得税法实施条例》第六十条:"除国务院财政、税务主管部门另有规定外,固定资产计算折旧的最低年限如下:(一)房屋、建筑物,为 20 年;(二)飞机、火车、轮船、机器、机械和其他生产设备,为 10 年;(三)与生产经营活动有关的器具、工具、家具等,为 5 年;(四)飞机、火车、轮船以外的运输工具,为 4 年;(五)电子设备,为 3 年。"

企业应根据与固定资产有关经济利益的预期实现方式,合理选择固定资产折旧方法。折旧方法一经确定,不得随意变更。通常,企业资产折旧的方法有以下 3 个:

1. 年限平均法

年限平均法又称为直线折旧法,是将固定资产的折旧均衡地分摊到各期间的折旧方法。公式如下:

年折旧率=(1-预计净残值率)÷预计使用年限×100%

2. 年数总和法

年数总和法也称为合计年限法,是计算固定资产每年折旧额的折旧方法。公式如下:

年折旧率=尚可使用年限÷预计使用年限年数总和

月折旧率=年折旧率÷12

月折旧额=(固定资产原值-预计净残值)×月折旧率

3. 双倍余额递减法

双倍余额递减法是在不考虑固定资产预计残值的情况下，根据每一期期初固定资产账面净值和双倍直线法折旧率，计算固定资产折旧的方法。公式如下：

年折旧率＝2÷预计折旧年限 ×100%

月折旧率＝年折旧率 ÷12

月折旧额＝年初固定资产折旧价值 × 月折旧率

## 第二节　固定资产管控要点

为规范企业固定资产的新增申报审批、调拨、盘点（清查）、维护、处置和资料归档等工作，必须对企业固定资产进行严格管控。下面总结固定资产管控的五项要点：

**固定资产目录**

企业可采用列举法和金额法并重的原则，设置固定资产分类及其编码目录。

固定资产分类一般包括房屋及建筑物、机器设备、研发设备、运输工具、生产工具、办公设备及其他设备。

固定资产编码目录建议采用8位编码制，具体分为：①前2位为字母，代表各类别首两位汉字拼音的首位字母；②第3～6位为数字，代表固定资产入账年月；③后2位也为数字，代表固定资产入账个数，按投入使用时间依次编排。

例如，编码为"JZ211213"，"JZ"代表建筑物，"2112"代表2021年

12月入账,"13"代表该固定资产是本月第13个入账的固定资产。

**固定资产调拨**

为加强固定资产管理,便于后续跟踪与监督,企业必须建立固定资产台账制度,具体以卡片形式呈现(见表9-2)。

表9-2　固定资产卡片

| 建卡日期 | | | 卡片编号 | |
|---|---|---|---|---|
| 资产名称 | 规格型号 | 资产大类 | 资产细类 | 资产编码 |
| | | | | |
| 取得方式 | 取得年月 | 资产数量 | 资产单价 | 资产原值 |
| | | | | |
| 折旧方法 | 折旧年限 | 使用部门 | 使用人员 | 使用状态 |
| | | | | |
| 备注 | | | | |

为配合企业生产和增加固定资产利用率,固定资产会经常进行调拨,须由调入部门办理调拨手续,填写固定资产调拨申请单(见表9-3)。

表9-3　固定资产调拨申请单

| 申请日期 | | 调拨日期 | |
|---|---|---|---|
| 资产名称 | | 规格型号 | |
| 卡片编号 | | 资产编码 | |
| 调拨数量 | | 调拨时长 | |
| 调拨事由 | | 使用方式 | |
| 调入前状态 | | 调入前净值 | |
| 备注 | | | |
| 调出部门 | | 调入部门 | |
| 调出部门负责人签字 | | 调入部门负责人签字 | |
| 资产管理部门负责人签字 | | 财务部门负责人签字 | |
| 总经理意见 | | 总经理签字 | |

**固定资产盘点**

为确保固定资产的安全性,需对实物固定资产进行盘点。盘点周期以每年年末为一次,有条件的可增加一次年中盘点。

不能让某一部门单独负责固定资产盘点,应由多个部门协同合作、相互监督,以杜绝盘点中的弄虚作假行为,且财务部门必须全程参与,并制作固定资产盘点表(见表9-4)。

表9-4 固定资产盘点表

| 序号 | 资产名称 | 规格型号 | 资产大类 | 资产细类 | 资产编码 | 单位 | 账面数量 | 实际数量 | 差异数量 | 备注 |
|---|---|---|---|---|---|---|---|---|---|---|
| 1 | | | | | | | | | | |
| 2 | | | | | | | | | | |
| 3 | | | | | | | | | | |
| 4 | | | | | | | | | | |
| 5 | | | | | | | | | | |
| 6 | | | | | | | | | | |
| … | | | | | | | | | | |
| 审核人 | | 监盘人 | | | 盘点人 | | | 盘点日期 | | |

**固定资产维护**

在固定资产的使用过程中,企业需要对固定资产进行日常养护或维修,而如果不对这一环节进行有效管控,就会出现借养护或维修之机贪占冒领企业财产的情况。因此,必须以制度形式妥善管控固定资产维护环节,建议填写固定资产养护或维修申请单,建立相关审核和监督流程(见表9-5)。

表9-5 固定资产维修申请单

| 申请日期 | | 维护日期 | |
|---|---|---|---|
| 资产名称 | | 规格型号 | |
| 卡片编号 | | 资产编码 | |

续表

| 日常养护□ | | 基本维修□ | 较大维修□ | | 大修□ | 翻新□ | 改造□ |
|---|---|---|---|---|---|---|---|
| 维护前状态 | | | | 预估金额 | | | |
| 维护后期望状态 | | | | 备注 | | | |
| 使用部门 | | | | 使用部门负责人签字 | | | |
| 资产管理部门负责人签字 | | | | 财务部门负责人签字 | | | |
| 总经理意见 | | | | 总经理签字 | | | |

## 固定资产处置

随着固定资产的长期使用或者更新换代，其必然会走向出售或报废的结局。《企业会计准则第4号——固定资产》第二十一条："固定资产满足下列条件之一的，应当予以终止确认：（一）该固定资产处于处置状态；（二）该固定资产预期通过使用或处置不能产生经济利益。"

因为固定资产涉及会计入账及企业所得税缴纳，不能随便处置。企业持有待售的固定资产，应当对其预计净残值进行调整。此外，企业还要制作固定资产处置申请单，并规范相应流程（见表9-6）。

表9-6　固定资产处置申请单

| 申请日期 | | 处置日期 | |
|---|---|---|---|
| 资产名称 | | 规格型号 | |
| 卡片编号 | | 资产编码 | |
| 取得方式 | | 入账年月 | |
| 入账金额 | | 折旧方法 | |
| 折旧年限 | | 累计折旧 | |
| 资产净值 | | 处置原因 | |
| 备注 | | | |
| 使用部门 | | 使用部门负责人签字 | |
| 资产管理部门负责人签字 | | 财务部门负责人签字 | |
| 总经理意见 | | 总经理签字 | |

# 第十章 用财务思维布局资本运作

## 第一节 投融资过程中的财务要求

企业投融资活动是最为重要的资本运作，几乎可以决定企业的生死存亡。有多少企业因为一项投资决策失误，导致后续经营步履维艰；又有多少企业因为一次融资决策失误，将企业决策权拱手相让。因此，企业管理者必须以财务思维进行资本布局，才能达到预期的目的。

**投资决策中的财务支持和财务依据**

企业的投资活动通常分为对内和对外两种：①对内扩大再生产的投资，包括构建固定资产、无形资产和其他长期资产；②对外扩张的投资，包括购买股权、债权。

投资决策应以数据和预算为基础，对项目进行可行性分析和评估，同时关注投资项目引起企业现金支出和现金流入的动态变量，即年均现金流量，防止投资行为导致企业资金周转困难。

影响投资决策的重要指标是投资回收期和投资收益率。投资回收期也称为投资回收年限，即投资项目投产后获得的收益总额达到该投资项目投入的投资总额所需要的时间（通常以年为单位）。按是否考虑资金的时间价值，可分为静态投资回收期和动态投资回收期。

1. 静态投资回收期

静态投资回收期不考虑资金的时间价值，只计算在未来现金净流量累计到原始投资数额时所经历的时间。计算静态投资回收期分为两种情况：①未来每年现金流量相等；②未来每年现金净流量不相等。

当未来每年现金净流量相等时，项目投资回收期的计算相对简单。公式如下：

静态投资回收期＝原始投资额÷每年现金净流量

当未来每年现金净流量不相等时，则需逐年加总现金净流量，以最终确定投资回收期。公式如下：

静态投资回收期＝M+第M年的尚未回收额÷第（M+1）年的现金净流量

其中，M是回收原始投资的前一年。

2. 动态投资回收期

动态投资回收期考虑资金的时间价值，计算未来现金净流量的累计现值等于原始投资额的现值所经历的时间。具体是将投资项目各年的现金净流量按基准收益率计算现值，再推算投资回收期。计算动态投资回收期分为两种情况：①未来每年现金净流量相等；②未来每年现金净流量不相等。

当未来每年现金净流量相等时，公式如下：

原始投资额现值＝每年现金净流量×（P/A,i,n）

其中，P/A为现值（本金）；i为利息率；n为计算期数。

当未来每年现金净流量不相等时，根据累计现金流来确定回收期。公式如下：

动态投资回收期＝N+第N年的尚未回收额的现值÷第（N+1）年的现金净流量现值

其中，N是回收原始投资额现值的前一年。

3. 投资收益率

投资收益率又称投资利润率，表明投资方案在正常生产年份中，单位投资每年所创造的年净收益额。公式如下：

投资收益率＝（投资收益÷投资成本）×100%

通常情况下，该指标越大，说明企业投资收益越高。如果该比率小于企业的净资产收益率，说明企业投资失败。

4. 年均现金流量要判断一个投资项目的成败，要先估算出达到盈亏平衡时所需的年均现金流量，再推算出达到这些现金流量所需的收入水平，最后推算出产生这些收入所需的销售量。公式如下：

年均现金流量＝[（销售单价－单位变动成本）×销售数量－固定成本]×（1－所得税税率）＋折旧

**融资决策中的财务支持和财务依据**

融资决策对于财务支持的起始性要求在于预测资金需求量，有两种方法可供选择：因素分析法和资金习性预测法。

1. 因素分析法

因素分析法又称为分析调整法，是以有关项目基期年度的平均资金需求量为基础，根据预测年度的生产经营和资金周转加速的要求进行分析调整，预测未来的资金需求量。公式如下：

资金需求量＝（基期资金平均占用额－不合理资金占用额）×（1±预测期销售增减率）×（1±预测期资金周转速度变动率）

因素预测法计算简便，但预测结果略显粗糙，不适合品种繁多、规格复杂、资金用量小的项目。

2. 资金习性预测法

资金习性预测法是指以资金变动同产销量变动之间的依存关系，根据资金占用总额与产销量的关系预测未来的资金需求量。公式如下：

资金需求量＝不变资金需求量＋预测期销售量 × 单位产销量所需变动资金

应根据企业历史上资金占用总额与产销量之间的关系，将资金分为不变资金和变动资金两部分。不变资金是指在一定的产销量范围内，不受产销量变动的影响而保持固定不变的那部分资金，包括原材料的保险储备、必要的产成品储备、厂房或机器设备等固定资产占用的资金等；变动资金是指跟随产销量的变动而同比例变动的那部分资金，包括直接构成产品实体的原材料、辅助生产材料、外购件等占用的资金等。

## 第二节　企业资金需求预测

所有处于初创期、发展期和扩张期的企业都缺钱，但具体到每家企业缺多少钱，要根据企业的经营模式和生存发展情况而定。有的企业前期属于烧钱较多的，则生存阶段所需资金较大；有的企业度过生存期后的发展扩张期需要重磅投入，则扩张阶段所需资金很大；有的企业既不需要前期烧钱，也不会在发展中有大投入的需求，但企业尚未进入预计的稳定盈利阶段，则在扩张期之前都需要一定的资金支持……此外我们仅仅举了企业发展中常见的资金需求情况，其实企业在经营中时刻面临着各种不确定性因素，具体在什么时候会缺钱，什么时候需要大量资金支持，都属于未定式。

作为企业创始人和管理者，必须时刻紧绷"资金"这根弦不能放松，在不缺钱的时候做好缺钱的准备和筹划，积极寻找融入资金的渠道和办法，为企业在晴天的时候"修好屋顶"，如此就能在"雨天"到来的时候安稳地度过。

但是，企业究竟缺多少钱？不是直接表现出来的数目，也不是简单的推测，更不是多多益善，而是要进行科学合理的预测。融资数量预测的基本目的是，保证筹集的资金既能满足生产经营需要，又不会产生多余资金的闲置，前者可以让企业顺利实现增益发展，后者能让企业避免因融资数额过大造成股权分散或控制权丧失。因此，企业对于资金需求量的预测，需要建立在两种情形上：①满足生产经营的需求量；②满足扩张经营的需求量。两者必须全部满足，才能说是完成了一次有效融资。下面对这两个需求进行具体分析。

**基于生产经营目的的资金需求量预测**

无论是刚进入经营的初创期企业，还是进入持续经营阶段的成长期企业，都会面临市场开拓或市场占有率扩大而产生的巨大资金压力。即便是企业经营状况良好，也无法仅靠盈利积累的内部资金实现对生产经营的支撑，而这时融资就是必须要走的一步。基于生产经营目的的企业资金需求量预测，应以以前年度的销售量和资金习性为基础进行，具体可参考"融资决策中的财务支持和财务依据"一节中的因素分析法和资金习性预测法。

某公司上年度资金平均占用额为3200万元，经分析得出不合理的部分为400万元，主要是原材料挤压部分资金和某主要客户的应收账款未收回。该公司本年度决定加强对原材料采购的控制，使原材料库存保持在合理范围内，同时修改针对欠款客户的销售政策，紧缩信用销售，减少应收账款金额。预计该公司本年度销售额增长7%，资金周转加速4%。根据上述信息和因素分析法公式，计算该公司不合理资金在得到有效控制的情况下，本年度的资金需求量是多少？

该公司本年度资金需求量＝（3200万元－400万元）×（1+7%）×（1+4%）＝3115.84万元

某公司历年产销量和资金变化情况显示，其年产销能力在1.4万～1.8万台之间，前年的销售量为1.6万台，去年的销售量为1.5万台，今年的预计销售量为1.8万台。其中，生产所需的不变资金为1200万元，单位产销量所需的变动资金为每台1050元。根据上述信息和资金习性预测法公式，计算该公司本年度的资金需求量是多少。

该公司本年度资金需求量＝1200万元＋1050元×1.8万台＝3090万元

**基于扩张经营目的的资金需求量预测**

如果企业进入高速发展期，上述预测方法就不适用了，因为产能和产量将大幅扩张，产品的市场占有率快速提高。产能的增幅通常会达到之前阶段的数倍，甚至数十倍，不变资金的需求量会激增。

同时，因为企业对原有产品进行全面技术革新或更新改造，以及企业进入新领域进行多元化经营，都需要大量资金进行新产品的研发测试和新领域的布局投入，因此所需的变动资金量也将激增。

而且，更需要注意的是，企业进入高速发展阶段，因为缺乏历史数据作为基础，之前的经验将不再对后续发展形成支撑，通常只能根据市场同行业同类项目的平均水平来预测扩张所需要的额外资金。因此，进行基于扩张目的的资金需求量预测，必须进行充分的市场调研和可行性论证。

**需从外部融入的资金量**

企业的资金来源大体可以分为内部融资和外部融资。内部融资即企业通过利润留存作为资金来源，数额大小取决于企业可分配利润和利润分配政策，一般无须花费融资费用，可降低资本成本。外部融资即企业向外部筹措资金作为资金来源，数额大小取决于期望融资额度和实际融资额度，需要的时间和费用都比较高，提高了资本成本。

处于初创期的企业，内部融资的可能性是有限的。处于成长期的企业，内部融资的数额往往难以满足发展需要。因此，虽然提倡企业首先利用内部融资，然后考虑外部融资，但大量事实证明，企业所需的资金大部分都会来自外部，因而这就要求企业必须广泛地开展外部融资，如向银行借贷、发行股票、债券等。

计算企业外部融资额时，应首先预计由于战略调整和销售增长而需要增加的融资数量，再扣除利润留存，即为所需要的外部融资额。公式如下：

外部融资需求量＝经营资产增加－经营负债增加－留存收益增加

其中，经营性资产包括库存现金、应收账款、存货等；经营性负债包括应付票据、应付账款等，不包括短期借款、应付债券、长期负债等融资性负债。

随着经营性资产的增加，相应的经营性短期债务也会增加，如存货增加导致应付账款增加，这部分自动性债务将为企业提供暂时性资金。

通常情况下，企业经营性资产与经营性负债的差额应与销售额保持稳定的比例关系。如果企业资金周转的营运效率保持不变，则经营性资产与经营性负债会随着销售额的变动呈正比例变动。

## 第三节　企业融资渠道汇总

企业融资方式取决于企业的发展阶段和发展规划、所处的市场环境和法律环境、金融市场的制约力度与企业性质。通常情况下，中小企业的融资渠道有天使融资、股权众筹融资、股权融资、债务融资、租赁融资、风险资本融资、政策性融资、民间融资。

因为小额的民间融资对企业的帮助并不很大，因此在此不对民间融资做单独阐述。而大额的民间融资可以归纳为天使融资或风险资本融资，且天使融资也属于风险资本融资的一种，或者可以看作是股权融资的一种（如果投资人对被投资企业有股权要求），因此也不对天使融资做单独阐述。又因为股权众筹融资即股权融资的一种，故在此也不做赘述。本节将详细阐述如下五大类融资渠道：

### 股权融资

股权融资也称为权益资本，是企业最基本的融资方式。股东依据所持有的股份数额及所代表的投票占比，依法享有企业收益获取权、重大决策参与权和选举权，并以持有的股份对企业承担责任。

股权资本没有固定的到期日，无须偿还，是企业的永久性资本，只有在企业清算时才有可能偿还。因为股权资本不用在企业正常运营期内偿还，因此不存在还本付息的财务风险。相对于债务资本，股权资本在融资和使用上并不特别受到限制，企业可根据实际经营需要决定让渡多少股权以换取多少资金，也可根据实际经营状况和分红政策决定向投资者支付多少股利和红利。同时，股权资本也是其他融资方式的基础，尤其可作为债务融资（包括发行公司债券、银行借款等）提供信用保障。

尽管股权资本的资本成本负担比较灵活，但资本成本负担较重，一般高于债务融资的资本成本。因为股利、红利从税后利润中支付，而债务资本的资本成本允许税前扣除。而且用股权换资金，等于为企业引入了新的投资者或者出售了股票，必然会导致企业控制权结构的改变，轻则分散企业控股权，重则有丧失企业控制权的可能。如果企业控制权频繁更迭，势必要影响企业管理层的人事变动和决策效率，因此也将影响企业的正常经营。

### 债务融资

债务融资是指企业通过向银行借款、发行债券、融资租赁以及赊购商品或劳务（商业信用）等方式筹集和取得的资金。下面着重介绍一下银行借款及发行债券两类债务融资方式。

1. 银行借款

企业向银行或其他金融机构借入的、需要还本付息的款项，主要用于企业构建固定资产和满足流动资金周转的需要，包括偿还期限超过1年的长期借款和不足1年的短期借款。

企业提出借款申请后，银行按照相关政策和贷款条件，对借款企业进行信用审查，依据审批权限，核准企业申请的借款金额和用款计划。银行审查企业的主要内容包括：财务状况、信用状况、盈利稳定性、发展前景，以及借款项目的可行性和抵押担保情况。

如果是超过1年的长期借款，且金额高，风险较大，银行在与企业签订借款合同的同时，还会附加各种保护条款，以确保企业能按要求使用借款和按时足额偿还借款。保护性条款包括：①例行性保护条款：如要求企业定期向提供贷款的金融机构提交财务报表、如期清偿应缴纳税金和其他到期债务，不准以资产作其他承诺的担保或抵押，不准贴现应收票据或出售应收账款等；②一般性保护条款：如要求企业需持有一定限度的货币资金及其他流动资产，限制企业非经营性支出（如限制支付现金股利、购入股票、员工加薪数额等），限制企业资本支出的规模，限制企业资产结构中的中长期性资产的比例等；③特殊性保护条款：如要求企业主要管理人员购买人身保险，限制借款的用途不得改变，制定违约惩罚条款等。

2. 发行债券

企业债券又称为公司债券，是企业依照法定程序发行的，约定在一定期限内还本付息的有价证券。

按是否能转换成企业股权，债券分为可转换债券与不可转换债券。可转换债券是债券持有者可以在规定的时间内按规定价格转换为发债企业的股票，但需对债券转换为股票的价格、比率和条件等进行详细规定；不可转换债券是不能转换为发债企业股票的债券，多数企业的债券属不可转换债券。

企业通过发行债券进行融资，一方面能够筹集大量资金，另一方面可以扩大企业的社会影响力。因为往往是股份有限公司和有实力的有限责任公司才有能力发行债券，因此能够适应大型企业的经营需要。

与银行借款相比，债券融资筹集的资金更具有灵活性和自主性，可用于流动性较差的长期资产上。尽管债券的利息比银行借款高，但债券的期限长，利率相对固定，在预计市场利率持续上升的大环境下，发行债券能够锁定资本成本。

发行债券实际上是企业面向社会的负债，债权人是社会公众。为了保护投资者的利益，国家对发债企业的资格有严格的限制，从申报、审批、承销到取得资金，需要经过众多环节和较长时间的审查。

因为债券不能像银行借款一样进行债务展期，加上大额的本金和较高的利息，在固定的到期日，将对企业现金流产生巨大压力。

**租赁融资**

租赁融资是通过签订资产出让合同的方式，使用资产的一方（承租方）通过支付租金，向出让资产的一方（出租方）取得资产使用的交易。出租方通过让渡资产的暂时使用权，完成资金筹集。

一般以租赁期的长短来确定是经营租赁还是融资租赁。经营租赁又称为服务性租赁，是租赁企业向承租方在短期内提供设备，并提供维修、保养、人员培训等的一种服务性业务；融资租赁是由租赁企业按承租方的要求出资购买设备，在较长的合同期内提供给承租方使用的融资信用业务。

经营租赁是以使用设备为主要目的的租赁，在租赁期满或合同中止后，租赁企业收回出租资产。融资租赁是以融通资金为主要目的的租赁，租赁期满或合同中止后，通常承租方会采用留购的方式以很少的"名义价格"买下设备。

融资租赁的基本形式有以下三种：

（1）直接租赁：承租方提出租赁申请时，出租方按照承租方的要求选购，然后再出租给承租方。

（2）售后回租：承租方由于急需资金，将自己的资产出售给出租方，再以租赁的形式从出租方原封不动地租回资产的使用权。

（3）杠杆租赁：是涉及出租方、承租方和资金出借方的三方融资租赁业务，其中，出租方既是债权人，也是债务人。当涉及的资产价值昂贵时，出租方只需投入部分资金（通常为资产价值的20%～40%），其余资金通过将该资产抵押担保的方式，向第三方（通常为银行等金融机构）申请借款解决。出租方将购进的设备出租给承租方，用收取的租金偿还贷款，资产的所有权属于出租方，资产的使用权属于承租方。如果出租方到期不能按期偿还借款，则资产所有权转移给资金出借方。

**风险资本融资**

风险资本是由专业投资人提供给快速成长且具有很大升值空间的新兴企业的一种资本。风险资本一般通过购买股权、提供贷款或既购买股权又提供贷款的方式进入被投资企业。

风险投资也是一种股权投资，但目的不是控股企业或获得企业所有权，而是通过投资和提供增值服务将企业做大，然后通过IPO、兼并收购或其他方式退出，在产权流动中实现投资回报。

风险投资的产业领域主要是高新技术产业，投资对象多为创业期的中小型潜力企业，投资期限一般在3～5年以上，投资方式多为股权投资，但不要求控股，也不需要担保或抵押。风险投资方一般会积极参与被投资企业的经营管理，提供增值服务。

企业吸引风险投资进来，可以加大力度做好三个方面的工作：①加大技术创新投入，进行满足市场多样化需求的产品和服务升级，形成具有高成长性的项目；②进行管理创新和制度创新，明晰产权，完善财务制度，让企业运行更高效，更规范，更透明；③培育以诚信和创新为核心的企业文化，提高员工素质，引进专业人才，树立品牌意识。

**政策性融资**

中小企业经常会面临缺少资金的情况，除上述融资方式外，还应关注国家的政策性支持。因为政策支持的红利是非常明显的，大量资金会流入政策红利中，中小企业想要引入资金也相对容易。政策性融资一般有如下两种方式：

1. 科技型中小企业技术创新基金

1999年，科技部、财政部联合制定并启动了科技型中小企业技术创新基金，这是一项专项基金，旨在促进科技成果转化，引导社会支持企业创新。

该项基金重点支持处在产业化初期、技术含量较高、产品市场前景较好、持续创新能力强的科技型中小企业；技术人员或海外人员携带具有良好产业化前景的高新技术项目创办的成长性好的企业。

申请科技型中小企业技术创新基金的条件如下：

（1）具备独立企业法人资格。

（2）主要从事高新技术产品的研究、开发、生产和服务业务，申请支持的项目必须在其企业法人营业执照规定的主要范围内。

（3）员工人数不超过500人，具有大专以上学历的科技人员占职工总数的比例不低于30%，直接从事研究开发的科技人员占职工总数的比例不低于10%。

（4）资产负债率不超过70%，每年用于高新技术产品研究开发的经费不低于销售额的5%（申请当年注册的新创企业不受此款限制）。

（5）有健全的财务管理机构、严格的财务管理制度和合格的财务管理人员。

2. 中小企业发展专项资金

2015年，财政部印发了《中小企业发展专项资金管理暂行办法》。2021年6月，修订颁布了《中小企业发展专项资金管理办法》。由中央财政预算安排，主要用于支持中小企业发展环境、引导地方扶持中小企业发展的资金等方面的专项资金（不含科技型中小企业技术创新基金）。

该专项资金采用无偿资助、投资资助、政府购买服务等的支持方式。专项资金支持的范围如下：

（1）小微企业创业创新基地城市示范。

（2）中小企业参加重点展会、完善中小企业公共服务体系、中小企业创新活动、融资担保及国内贸易信用保险等。

（3）其他促进中小企业发展的工作。

## 第四节　企业投资决策的重要理念

企业管理者不仅要在企业缺少资金时能够为企业引入资金，还要能在企业资金充足时让资金有更好的创收用处。只有让资金滚动起来，才能让躺在账上的"死资金"变成可为企业创造收益的"活资金"。也就是说，企业管理者一方面要带领企业赚钱，另一方面还要带领企业花钱。因此，企业管理者需要为企业打开投资的大门,以让企业的投资决策可以帮助企业获得最大收益。

**关注投资风险**

在第三节,我们讲到企业可以引入风险资本,风险融资可以看作是职业金融家为企业提供资金支持。

风险投资不仅可以作为企业引入的资本,也可以作为企业投出的资本,即企业作为风险投资方给予其他需要资金的企业一些帮助,自己也会从帮助别人的过程中收获利益。在现实中,很多企业都是因为自身的逐渐强大,完成了从被风险投资到进行风险投资的身份转变。

至于企业能在风险投资中获得多少收益,不仅取决于企业所投出的资本,还取决于投资的条件和获益的条件,以及投资的时限和条件。对于投资和获益的条件、投资的时限,各企业根据实际情况与被投资企业具体谈判制定,在此不做分开阐述,企业只需记住投资的所有条件都不能只对己方有利,而是要关注投融资双方的共同利益,实现双赢才能达成投融资协议。

我们重点阐述投资环境,因为投资行为通常涉及较长时间,各种可预测或不可预测事件发生的可能性都存在,投资决策应充分考虑实践中可能出现的各种变化。风险投资的风险可分为政策性风险和项目特有风险两种,具体如下:

(1)政策性风险。关注拟投资企业所处领域的政策风向,关注企业拟投资项目是否能得到国家宏观政策的支持。要求企业管理者必须实时了解国家的时政和经济动态,使企业行为与国家发展政策相一致。

(2)项目特有风险。不确定事项对拟投资项目的经济效果的影响,即项目投资过程中可能导致项目亏损的因素。企业管理者需对拟投资项目进行详细的可行性分析和评价,以数据和预算为基础作出对拟投资项目的科学投资决策。

一般情况下，企业可依据以往的历史资料与概率统计，寻找风险的规律性，对风险作出评估，以降低风险。但是，无论采取何种方式，都不可能将风险降为零，只能是尽可能降低风险对企业投资行为的不利影响。

**注重项目现金流**

项目现金流是指在投资决策中一个项目引起企业现金支出和现金流入的数额。投资必然会涉及现金流，或者流出，或者流入，都将对企业经营造成影响。尤其是现金流出，如果是大额流出，且长期无法收回或获得利益，很可能引发企业经营风险。

例如，A企业向B企业提出租赁申请，B企业按照A企业的要求选购一条生产线，然后再出租给A企业。对于A企业是一次租赁融资，对于B企业则可以看作是一次小规模的风险投资。

B企业购置一条生产线必然会导致现金流出，那么B企业的现金流出量包括：①购置生产线的价款；②生产线的维护、维修费用（双方约定由B企业对生产线进行维护）；③垫支流动资金。

B企业进行风险投资也会在一定阶段后引发现金流入，那么B企业的现金流入量包括：①租赁现金流入；②残值收入（双方约定租期届满后生产线由B企业回收）；③收回的流动资金。

在进行投资决策时，一定要进行项目的现金净流量估算，用投资期间的现金流入量减去现金流出量。如果结果为正，说明投资有收益，可以进一步研讨投资决策；如果结果为负，说明投资有亏损，应该放弃该项投资。但因为现金净流量是估算出的结果，不一定十分准确，有时候估算的结果为正，但实际投资中现金净流量却为负。因此，要给现金净流量制定出范围，比如高于某数值可以投资，低于某数值就不能投资。

## 第五节　企业投资决策的方法

企业的投资决策不能仅凭对过往经验的总结或者是对拟投资项目的感觉来进行，必须要有科学的数据作为依据。常用的投资项目决策方法分为静态评价法和动态评价法两大类，每类下面又各有两个小类。

**静态评价法**

这是不考虑货币时间价值的方法，通常用于对项目进行大致的评价和判断，包括以下两个方法：

1. 投资回收期法

投资引起的现金流入累积到与投资额相等所需的时间。公式如下：

$$\sum_{k=1}^{n} I_k = \sum_{k=1}^{n} O_k$$

其中，$I_k$ 表示各年的现金流入，$O_K$ 表示各年的现金流出。

在计算回收期时可采用以下公式：

回收期＝原始投资额÷每年现金流入量

该算法的优点是容易理解，容易计算，容易掌握，能够直接反映原始总投资的返本期限；缺点是未考虑资金的时间价值因素，以及回收期满后继续发生的现金流量。

2. 会计收益率法

根据估计的项目整个寿命期内年平均会计利润与估计的资本占用进行比较。公式如下：

会计收益率＝年平均净收益÷原始投资额

投资决策时，拟投资项目的会计收益率越高，则投资方案越优。

该算法的优点是使用简单，会计数据也容易取得，评价结果用相对数表示，提高了结果的可比性；缺点是未考虑资金的时间价值因素，仍属于非贴现评价。

**动态评价法**

静态评价的重点是不考虑资金的时间价值，而动态评价的重点则是考虑资金的时间价值，包括以下两种方法：

1. 净现值法

净现值法即首先假设预计的现金流入在年末肯定可以实现，并假定原始投资是按预定贴现率借入的。净现值是按该预定贴现率计算的某投资方案未来现金流入与未来现金流出的现值之间的差额。公式如下：

$$净现值 = \sum_{k=1}^{n} \frac{I_k}{(1+i)^k} - \sum_{k=1}^{n} \frac{O_k}{(1+i)^k}$$

其中，$I_k$ 表示各年的现金流入；$O_k$ 表示各年的现金流出；$i$ 为贴现率。

如投资方案的净现值为正数，则项目的回报率大于预定的贴现率，方案可行。

采用该方法的关键在于确定贴现率，可用企业的平均资金成本或企业要求的最低资金利润率进行计算。

2. 现值指数法

现值指数法是指未来现金流入现值与现金流出现值的比率。公式如下：

$$现值指数 = \sum_{k=1}^{n} \frac{I_k}{(1+i)^k} \div \sum_{k=1}^{n} \frac{O_k}{(1+i)^k}$$

净现值法的净现值反映投资的效益，本方法的现值指数反映投资的效率，可用于进行独立投资机会获利能力的比较。

# 下篇　税务思维

# 第十一章 管理者必备的税务风险认识与纳税筹划能力

## 第一节 税务风险分析

税务风险是纳税人因违反税收法律法规的规定，未能正确、有效履行税法，导致企业未来利益损失的可能性。其中包括因没有遵守税法可能遭受的法律制裁；因未能正确、有效履行税法遭受的财务损失和声誉损害等风险。具体可体现为税收刑事处罚、税收行政处罚、补税与加收滞纳金、信用和商誉下降等。

**税务风险产生的原因**

税务风险的产生既有来自企业内部的原因，也有来自企业外部的原因，下面分别进行详细阐述。

1. 引起税务风险的企业内部原因

企业内部税务风险主要涉及三个方面，具体如下：

（1）企业管理者的纳税意识不强。很多企业只知道少纳税，却不知道要在合法的基础上少纳税，因此不采用合法降低纳税金额的方法，反而通过非法手段达到降低税负的目的。

（2）企业涉税人员的业务素质不高。企业财务或税务人员由于自身业务能力有限，对税收法规、法务法规的理解不到位，极易产生本想合理降低税负却造成了非法偷漏税的情况。

（3）企业内部管理制度不完善。企业内部管理制度是否健全、科学、合理，从根本上决定了企业防范税务风险的能力。一些企业显然并未做好这一点，让企业始终带着隐患经营。

2. 引起税务风险的企业外部原因

企业外部税务风险因素

（1）税收政策持续变化。由于我国正处于经济变革时期，为了适应经济发展的需要，税收政策的调整比较频繁。如果企业不能及时跟随税收政策的变化而调整涉税业务，那么纳税行为就有可能从合法变为违法。

（2）税务执法力度增强。随着我国国民经济的发展，国家财政支出和国民消费能力都在不断增强，国家对税收检查和处罚的力度也在不断加强，再加上税务执法自由裁量权的运用，这些因素都会加大企业涉税风险。

**违反税务管理风险**

税务管理是对所有企业涉税行为的统筹性管理，其中涉及若干环节，任何一个环节出现问题，都可能导致税务管理风险的发生。关于企业违反税务管理风险，一般有以下四大类：

（1）未按期申报办理变更、注销税务登记。企业成立后，应在领取营业执照之日起30日内办理税务登记，但在纳税人税务登记内容发生变化时（如改变企业名称、改变法人代表、改变经营范围、改变经济性质等），应在税务登记内容实际发生变化之日起30日内，向税务机关申报办理变更税务登记。纳税人发生解散、破产、清算，不能继续履行纳税义务时，应自有关机关批准或宣告终止之日起15日内，向税务机关申请办理注销税务登记。纳税人被吊销营业执照或者被其他机关予以撤销登记的，应当自营业执照被吊销或者被撤销登记之日起 15 日内，办理注销税务登记。很多企业在登记环节做得不错，但在变更和注销环节就相对马虎了，岂不知一次疏忽可能会给企业带来极大的涉税风险。

（2）未按照规定保管财务账簿、记账凭证和有关资料。财务账簿、记账凭证、报表、完税凭证、发票、出口凭证以及其他有关涉税资料应当至少保存 10 年。对于发票存根联、出口凭证、工资表等没有装订进会计凭证的资料，应更加妥善保管。如果丢失或者擅自销毁有关财务资料，除了要被罚款，还可能被认定为偷漏税行为。

（3）未按照规定将全部银行账号向税务机关报告。很多企业在办理税务登记时，或者怕麻烦，或者有其他原因，未报告所有银行账户。若有此类情况，除可能被罚款外，还容易被税务机关列为重点检查对象，增加涉税风险。

（4）阻挠税务机关检查。任何纳税人都有配合税务机关检查的义务，纳税人逃避、拒绝或以其他方式阻挠税务机关检查的，由税务机关责令改正并处罚款，情节严重的将增加处罚力度。阻挠税务机关检查的行为包括：①提供虚假材料；②不如实反映情况或拒绝提供有关资料；③拒绝或组织税务机关记录、录音、录像、照相和复制与案件有关资料；④纳税人在检查期间转移、隐匿、销毁有关资料；⑤有不依法接受税务检查的其他情形。

**违反纳税义务的风险**

纳税风险有很多种情况，有些常见，有些则不常见，下面列出七种较为常见的情况，供参考。

（1）偷税。表现形式：①纳税人伪造、变造、隐匿、擅自销毁账簿和记账凭证；②纳税人在账簿上多列支出或者不列、少列收入；③经税务机关通知申报而拒不申报或进行虚假纳税申报；④不缴或者少缴应纳税款。纳税人偷税的，由税务机关追缴其不缴或少缴的税款、滞纳金，并处不缴或少缴税款的50%～5倍的罚款，构成犯罪的，依法追究其刑事责任。

（2）不申报，不缴或者少缴税款。纳税人不进行纳税申报，不缴或者少缴应纳税款。由税务机关追缴其不缴或者少缴的税款、滞纳金，并处不缴或者少缴税款50%～5倍的罚款。

（3）变造虚假计税依据。计税依据是用于计税的资料和依据，纳税人变造虚假计税依据一般不能影响当前的实际纳税金额，但会影响未来的税款计算。由税务机关责令限期整改，并处5万元以下的罚款。

（4）视同销售少计税款（流转税、企业所得税）。企业发生非货币性资产交换，以及将货物、财产、劳务用于捐赠、赞助、集资、广告、样品、职工福利和利润分配等用途的，应当视同销售货物、转让财产和提供劳务，国务院财政、税务主管部门另有规定的除外。对视同销售的业务，如会计上未作为收入处理，应在企业所得税纳税申报时进行调整，调增应纳税所得额。

（5）不得扣除项目等税法与会计差异未进行纳税调整。有些项目在会计上是可以列支的，但在税法上规定不能扣除，这些项目应注意在企业所得税纳税申报时调增应纳税所得额。不予扣除的项目包括：①向投资者支付的股息、红利等权益性投资收益款项；②企业所得税税款；③税收滞纳金；④罚金、罚款和被没收财物的损失；⑤超过国家规定的公益性捐赠及非公益性捐赠；⑥非广告性的赞助支出；⑦未经核定的准备金支出；⑧企业之间支付的管理费；⑨企业内营业机构之间支付的租金和特许权使用费；⑩非银行企业内营业机构之间支付的利息；与取得收入无关的其他各项支出。若违反上述各项，均涉及补税、滞纳金和少缴税款50%～5倍的罚款。

（6）少扣缴工资、奖金所得个人所得税。一般分为三种情况：①企业发放业绩奖金或为员工报销个人费用,并未入工资、奖金所得计税;②企业以现金、有价证券、低于市场价格的购房优惠等形式,发放给个人的与业绩挂钩的奖金收入,未全额计入领取人的当期工资、奖金所得;③企业管理人员,工资性收入未全额入账,未足额扣缴个人所得税。由税务机关责成纳税人补扣税款,并处补扣或少扣税款 50%~3 倍的罚款。

(7)少扣缴股息、利息、红利所得个人所得税。一般分为四种情况:①企业为股东、投资者本人及其亲属支付个人费用;②企业出资购买房屋、汽车,所有权人却写成股东;③股东向企业借款在一个纳税年度内未归还又未用于生产经营。上述这些情况都应视为股东从企业分得了股利,必须代扣代缴股息、红利所得个人所得税。未按规定扣缴相关个人所得税的,由税务机关责成纳税人补扣税款,并处补扣或少扣税款 50%~3 倍的罚款。

## 第二节　税务风险控制

税务风险已经成为当今企业的常态风险,这就要求企业管理者和相关业务人员在从事各项经营管理活动时,必须树立正确的税务风险管理意识,将税务风险控制在最小范围,尽力做到税务风险零发生。

**制定税务风险管理制度和防范控制规程**

企业应结合实际经营情况、税务风险特征,再以已有的内部风险控制体系为基础,制定和健全税务风险管理制度。通常包括五个方面:①税务风险管理组织机构、岗位和职责划分;②税务风险识别和评估机制与方法;③税务风险控制和应对机制;④税务风险监督和改进机制;⑤税务信息管理体系和沟通机制。

税务风险防范控制与企业的具体经营活动密切相关。因此，企业在制定税务风险防范控制规程时，必须汇集纳税人涉税活动所依据的法律、法规和政策等，并进行深入研究，若有疑问，需及时向税务机关咨询，在法律许可的范围内制定不同的防控规程。

**建立税务风险预测与控制系统**

建立税务风险预测与控制系统是企业进行税务风险控制的核心，该系统必须包括以下五个方面：

（1）税务风险监察。企业通过组织调查的方式，分析企业现有经营行为中哪些涉及或潜藏税务风险。

（2）税务风险检验。企业对制订出的纳税筹划方案进行审查，预测潜在的税务风险。

（3）税务风险评估。企业对具体经营行为和纳税筹划方案涉及的税务风险进行鉴别和定性分析，并划分风险等级。

（4）税务风险预警。企业对监察、检验和评估出的税务风险，依据风险等级提出预警。

（5）税务风险控制。企业需制订税务风险控制方案，并组织相关税务管理人员和参与人员实施方案。

**跟踪监控企业重大事项的涉税风险**

企业重大事项，包括企业战略规划（包括全局性组织结构规划、产品和市场规划、竞争和发展规划等）、企业重大经营决策（包括重大对外投资、重大并购或重组、重要合同或协议签订、经营模式改变等）和企业重要经营活动（包括关联交易价格的制定、跨国经营业务的策略制定与执行等）。

因为这些重大事项往往关乎企业的兴衰与存亡，具有复合风险（也包括税务风险）的性质，因此不允许存在风险过载的情况。企业税务风险管理不但要在事前分析、识别和防范税务风险，还要在事中进行重点跟踪、监控重大事项的税务风险，更要在出现重大税务风险时制定覆盖各个环节的全流程控制。

### 定期进行涉税业务健康检查

为实现依法诚信纳税，依法办理涉税事务，健全会计核算系统，准确计算税金，按时申报和足额缴纳税款，严格按规定开具、索取发票和相关票据，特别关注涉税合同条款及其法律效力等涉税业务活动，实现税务风险最小化。企业应定期对涉税业务开展风险评估，即纳税"健康"监察，一经发现问题，立即上报整改，绝不遗留后患。

企业涉税业务检查可分为内部与外部两种形式。内部检查属于自查，外部检查则是聘请税务师事务所进行税务审计。

对自查或税务审计中发现的涉税问题，应及时采取账务调整、补正申报等措施进行纠正，消除隐藏在过去经营活动中的税务风险。并根据自查和税务审计过程中发现的问题，建立和完善内部控制机制，合理设计税务风险管理的流程及控制方法，争取全面消除税务风险。

### 加强税企沟通，降低税务风险

企业要加强与税务机关的联系，一方面，企业要及时向税务机关了解税收政策的变化，及时咨询有疑问的税收政策，详细沟通新业务中的税收难点，使得税务处理方法合法合规；另一方面，企业要主动配合税务机关的税务检查，在检查前按要求做好自查和材料准备工作，在检查中积极配合税务机关的检查取证工作，在检查后认真按照税务机关的意见和要求进行整改与完善。

加强税企沟通，既是企业作为纳税人应尽的法定义务，也是企业树立良好形象的最佳契机。如果企业被检查出存在敏感性或严重性涉税问题，应以良好的态度接受税务机关的处理，不能想着以徇私舞弊逃避惩罚，而要从内心深处认识到问题的严重性，并严肃、及时地作出相应调整。

## 第三节　纳税筹划的形式、目标、原则

纳税筹划是纳税人在不违反法律、法规和相关政策规定的前提下，有计划地减轻或控制税负的一系列筹划活动。

纳税筹划是纳税人的一项基本权利，任何纳税人只要不违反法律的红线，均可实施筹划活动，确保自身利益最大化。

### 纳税筹划的主要形式

纳税筹划的主要形式包括如下三种。

（1）节税。纳税人在法律、法规和政策规定允许的范围内，进行的可节约税负的纳税选择。通常是利用税收的照顾性政策和鼓励性政策进行筹划，既可让企业节约税负，也有利于政府对投资和经济的宏观调控。

（2）避税。纳税人利用法律、法规和政策的空白、漏洞或缺陷，通过惊险安排经营活动，以达到减轻税负的目的。合理避税虽然不违反法律，但有违立法精神和政策意图，是不被提倡的。且因为当今的法律、法规和政策的空白、漏洞或缺陷越来越少，留给避税的空间越来越小，稍微操作不当就容易引发税务风险，所以建议企业谨慎选择。

（3）税负转嫁。纳税人在缴纳税款后，通过种种途径将自己的税收负担转移给他人的过程。税负转嫁之后，纳税人和实际税负人不再是同一对象。税负转嫁分为三种情况：①前转。纳税人通过提高商品的销售价格，

把税负向前转嫁给商品购买者；②后转。纳税人通过压低商品的采购价格，把税负向后转嫁给商品供应者；③消转。纳税人通过降低员工工资、降低管理费用和提高劳动生产率等方式，把税负在企业内部消化。前转对消费者不利，后转对供应商不利，消转对员工不利，由此可见，这三种情况都不利于企业的长期经营发展，应谨慎选择。

**纳税筹划的目标**

纳税筹划的目标，是纳税人通过进行纳税筹划活动，期望达到的税负标准。可以分为三个层次，具体如下：

（1）直接目标——减轻纳税人税负。这一层次又分为两种情况：①免缴税款或减少当期应纳税额，将资金留给纳税人；②退出税款的缴纳，即将纳税人本期应缴纳的税款延期到以后再缴纳。

（2）决策目标——实现税后利润最大化。税后利润是企业收入扣除所有成本、费用和税金之后的净所得，直接体现在利润表中。企业进行纳税筹划时应注意，税负最轻的方案并不意味着税后利润最高。

（3）最终目标——实现股东财务最大化。除增值税外的其余税种，在会计核算上均计入企业当期的成本费用。增值税实行抵扣制，缴纳税款会影响企业当期的现金流量。对于未上市企业，各种税款要么影响利润核算，要么影响现金流。对于上市企业，各种纳税影响都会反映在股价上，即股东财富的多少。

**纳税筹划的原则**

纳税筹划是在合法、合规的基础上进行的，还不能伤害企业和内部各类人员的利益，因此必须要坚守一些原则。

（1）守法原则。进行纳税筹划一定不能违反法律、法规和政策规定，不违法是纳税筹划与偷税、逃税、抗税、骗税等违法行为的根本区别。

（2）整体性原则。进行纳税筹划必须从全局出发，进行综合衡量，各个税种的税负都要纳入考虑范围，最终选择总体税负最轻的方案去执行。

（3）时效性原则。进行纳税筹划时，一方面要充分利用货币的时间价值；另一方面要不断根据法律、法规和政策的变化调整和修订筹划方案。

（4）成本效益原则。进行纳税筹划需要同时关注到显性成本和隐性成本。显性成本包括制订和执行筹划方案的费用（如会议费、管理费、律师费等）、方案新增的纳税成本、筹划无效或失败的损失或罚款。隐性成本主要指纳税筹划方案的机会成本，即采用某个筹划方案而放弃其他可选方案的最大潜在损失。

## 第四节　纳税筹划的方法

纳税筹划经过多年的发展，结合本国的实际情况，已经形成了非常多的有效方式，本节将选出一些适合我国经济发展和企业经营情况的方法。

**要素筹划法**

不同税种的税款计算都离不开税基、税率和税额三个要素。在进行纳税筹划时可以通过降低税基和降低适用税率的方法达到降低本期应纳税额的目的。

（1）降低税基是降低计税的基数，是计算纳税人应纳税额的依据。税基分为三类：①课税金额。适用定额税率征收消费税的消费品（如化妆品、汽车等），以及适用从价定率征收资源税的应税产品（如原油等），以销售额作为税基；②课税数量。采用从量定额征收资源税的应税产品（如食盐等），以销售量作为税基；③应纳税所得额。企业所得税和个人所得税均是以纳税人应税收入减去可以扣除的成本费用后的应纳税所得额作为计税依据。

在适用税率一定的条件下，应纳税额的大小与税基的大小成正比。税基越小，纳税人的应纳税额越低。

（2）降低适用税率分为三类：①比例税率。对同一征税对象，不分数额大小，规定相同的征收比例；②定额税率。按照征税对象确定的计算单位，直接规定一个固定的税额；③累进税率。包括超额累进税率和超率累进税率。超额累进税率是把征税对象按照数额的大小分为若干等级，每级规定一个税率，税率逐步提高。超率累进税率是按照征税对象数额的相对率划分为若干级距，再分别规定相应的税率。

目前，我国各税种多存在不同税率，税率会因为纳税人的身份或者纳税对象的不同而不同，为合法合理的纳税筹划提供了选择空间。

**其他筹划法**

可以分为以下五类：

（1）组织形式筹划法。我国的企业组织形式分为有限责任公司、股份有限公司、个人独资企业、合伙企业等。不同组织形式的企业，适用的税收政策也不同。例如，合伙企业和个人独资企业不属于法人，无须缴纳企业所得税，企业合伙人和个人投资者仅就经营所得交纳个人所得税。

（2）转换经营方式筹划法。纳税人在守法前提下，可以通过适当变通经营方式进行纳税筹划。例如，自行采购、销售可以转化为代购、代销，无形资产转让可以转化为无形资产投资入股等。

（3）转移定价筹划法。两个或两个以上有经济利益联系的经济实体，为获取更多的整体利润，以内部价格进行销售活动。其内部价格与市场价格相背离，目的是使利润在不同经济实体间转移。该方法一般适用于关联企业（如母子公司）之间。

（4）临界点筹划法。我国现行税种存在很多临界点，当税基突破临界点，则该税种适用的税率和优惠政策就会发生改变。例如，个人所得税的税率跳跃临界点、企业所得税应纳税所得额的临界点等。

（5）税收优惠筹划法。为了扶持特定地区、特定行业的发展，或者照顾某些有实际困难的企业，相关法律、法规和政策中规定了一些特殊条款，即税收优惠政策。例如，我国税制中，对经济特区、经济技术开发区、高新技术产业园区、中西部地区等实行税收优惠政策。

## 第五节　纳税筹划的风险

按照财务管理理念，风险是由事件不确定性导致的实际结果与预期结果之间的偏离程度。企业在进行纳税筹划时，因为各种不确定性因素的存在，可能会导致企业无法实现纳税筹划的预期目标，由此带来的风险就是纳税筹划风险。

**纳税筹划风险来源**

纳税筹划方案设计不当，是纳税筹划风险的最主要来源。因为企业纳税筹划方案的设计需要涉及企业经营管理的方方面面，如果前期设计不合理或者某个关键环节设计不到位，那么就难以起到降低税负的效果，甚至还会适得其反。

纳税筹划方案实施不当，是纳税筹划风险的次要来源，虽说是次要风险，但也并不比主要风险来源少多少。发生实施不当的原因通常有三种：①纳税筹划具体实施人员对筹划方案理解不到位；②纳税筹划具体实施人员相互之间缺乏有效配合和一致性；③纳税筹划实施监督机制不健全，导致执行过程中存在严重纰漏。

政府调整税收相关政策，是纳税筹划风险的第三来源。任何国家的税收政策都不可能一成不变，都需要根据实际经济发展状况进行相关调整。目前我国处于税制改革的关键阶段，企业管理者、财务人员和业务执行人员若不能关注到重大的财税改革，就难以了解和掌握最新的税收法规和政策，在进行税务筹划和执行时就会出现不应有的错误。

企业经营活动的变化，是纳税筹划风险的第四来源。企业经营同样不会一成不变，也会随着经营阶段的不同和战略目标的调整而调整，当企业的业务模式、产品生产、营销手段、结算方式等发生变化时，就会对企业的会计和税务工作带来新的挑战。

**如何防范纳税筹划风险**

树立风险意识，加强员工培训，是防范纳税筹划风险的第一步。由于我国的财税法律制度更新较快，企业要及时对员工进行法律、财务、税务、风险管理方面的培训与考核，避免由于个别员工的不道德行为给企业带来重大损失。

确立整体观念，加强部门协同，是防范纳税筹划风险的第二步。纳税筹划是一项需要多部门配合才能完成的工作，各部门之间不能有执行的"部门墙"，必须以整体观念强化合作关系，将纳税筹划的效果执行到最好。

适时调整方案，加强与时俱进，是防范纳税筹划风险的第三步。企业在实施设计与具体纳税筹划方案时，必须关注国内外经济环境和金融税收政策，根据相关法律、法规和政策的最新变化，及时调整税收筹划方案。

及时请示汇报，加强税企沟通，是防范纳税筹划风险的第四步。税务机关作为政府行政管理部门，对纳税人的行为依法享有一定的自由裁量权和认定权限。日常经营中，企业必须注重与税务机关的沟通互动，就不明确的事项及时咨询，避免因违反相关法律受到处罚。在纳税筹划工作中，应争取有利于企业的具体征收管理方式（必须合法合规），尽量取得税务机关对纳税筹划方案的认可。

# 第十二章　增值税风险管控与纳税筹划

## 第一节　增值税征收规定

增值税是以商品（含应税劳务）在流转过程中产生的增值额作为征税对象而征收的一种流转税。

在我国境内，销售货物、提供劳务或服务、转让无形资产、销售不动产，以及进口货物的单位和个人，为增值税的纳税人。

**增值税纳税义务人**

根据销售规模，增值税纳税人可分为以下两类：

（1）一般纳税人。年应税销售额或服务额超过500万元的企业和企业性单位。会计核算健全，能够按规定提供准确税务资料。

（2）小规模纳税人。年应税销售额或服务额在500万元以下（含500万元）。会计核算不健全，不能按规定报送有关税务资料。

**增值税的征收范围**

（1）销售货物。在我国境内有偿转让货物（指有形资产，包括电力、热力、气体在内）的所有权。

（2）提供劳务。纳税人提供的加工、修理、修配劳务。

（3）提供服务。提供交通运输服务、邮政服务、电信服务、建筑服务、金融服务、现代服务及生活服务。

（4）转让无形资产。转让不具有实物形态但能带来经济利益的资产，包括技术、商标、著作权、商誉、自然资源使用权和其他无形资产。

（5）销售不动产。销售不能移动或移动后会引起性质、形状改变的财产，包括建筑物和构筑物。

（6）进口货物。从外国进入中国关境的货物，在报关进口环节依法缴纳增值税。

**增值税税率**

2019年，我国继2018年后再次下调增值税税率，实施了更大规模的减税措施，重点降低制造业和小微企业税收负担。2019年4月1日起，我国增值税一般纳税人的税率归纳为三档：13%、9%、6%；小规模纳税人的征收率为两档：5%和3%。

为更直观地了解我国各行业的增值税税率，下面分别列出一般纳税人和小规模纳税人的主要项目税率（见表12-1）。

表12-1 增值税税率

| 纳税人 | 使用项目 | 税率 |
| --- | --- | --- |
| 一般纳税人 | 销售普通货物，提供加工、修理、修配劳务：<br>①销售或进口普通货物；<br>②提供加工、修理、修配劳务；<br>③提供有形动产租赁服务。<br>销售或进口低税率货物：<br>①粮食等农产品、食用植物油、食用盐；<br>②自来水、热水、暖气、冷气、煤气、石油液化气、天然气、沼气、二甲醚、居民用煤炭制品；<br>③图书、杂志、报纸、音像制品、电子出版物； | 13% |

续表

| 纳税人 | 使用项目 | 税率 |
|---|---|---|
| 一般纳税人 | ④饲料、化肥、农药、农机、农膜；<br>⑤国务院规定的其他货物 | 9% |
| | 交通运输服务 | 9% |
| | 邮政服务 | 9% |
| | 电信服务（基础电信服务） | 9% |
| | 建筑服务 | 9% |
| | 销售不动产（含土地使用权） | 9% |
| | 电信服务（增值电信服务） | 6% |
| | 金融服务 | 6% |
| | 现代服务 | 6% |
| | 生活服务 | 6% |
| | 销售无形资产 | 6% |
| 小规模纳税人 | 销售不动产（含土地使用权） | 5% |
| | 经营租赁不动产（含土地使用权） | 5% |
| | 销售货物 | 3% |
| | 提供劳务 | 3% |
| | 销售应税服务 | 3% |
| | 销售无形资产（土地使用权除外） | 3% |

**增值税应纳税额的计算**

根据增值税纳税人的分类，应纳税额的计算也分为两类，具体如下。

1. 一般纳税人应纳税额的计算

公式如下：

应纳税额＝当期销项税额－当期进项税额。

其中，当期销项税额＝当期不含税销售额 × 适用税率。

当期进项税额是购进货物、服务、劳务等取得的增值税专用发票、海关完税凭证等注明的按税法规定允许抵扣的税额。

2. 小规模纳税人应纳税额的计算

公式如下：

应纳税额=不含税销售额 × 征收率。

这里需要注意的是，小规模纳税人因税率较低，所以其不再适用销项税额减去进项税额的计税方法。

## 第二节　增值税管理

增值税管理分为两大部分内容，即销项税额管理和进项税额管理。这两项中都包含若干小项，只有将各小项都做好，才是实现了有效的增值税管理。

**增值税销项税额管理**

该部分包含以下七项内容：

（1）视同提供应税服务行为。由于没有收取款项而不进行账务处理，不进行纳税申报，会造成少缴增值税的税务风险。

（2）差额征税。试点地区提供营业税改征增值税应税服务的纳税人，按照国家营业税差额征税的政策规定，以取得的全部价款和价外费用扣除支付给规定范围纳税人的规定项目价款后的不含税余额为销售额的征税方法。

（3）销售额。向关联方提供应税服务的价格可能会存在不公允的情形，如价格明显偏低或偏高，还有视同提供应税服务而无销售额的情形，存在少缴增值税的税务风险。

（4）价外费用。对提供应税服务价外收取的手续费、违约金、滞纳金、延期付款利息、赔偿金、代收款等费用不计提缴纳增值税，会造成少缴增值税的税务风险。

（5）兼营业务。兼有不同税率的销售货物或服务、加工修理修配劳务、转让无形资产、销售不动产，以及进口货物，从高使用税率。兼营免税、减税项目的，应分别核算免税、减税项目的销售额，未分别核算的，不得免税、减税。

（6）销售收入完整性。确认企业有无应计入销售收入而未计入，导致少缴增值税的情形：①应缴纳增值税的业务计算不全；②出售应税固定资产，未按适用税率计提应纳税额；③提供应税劳务不开发票，未计入收入申报纳税；④以物易物、以物抵债等业务收入，未计入收入申报纳税；⑤预收账款长期挂账，以提供应税服务，未按规定结转收入申报纳税；⑥收取的款项没有按规定全额计入收入，而将支付的回扣、手续费等费用扣除，坐支销货款。

（7）混合销售。从事货物的产生、批发或零售的单位和个体工商户的混合销售行为，按照销售货物缴纳增值税；其他单位和个体工商户的混合销售行为，按照销售服务缴纳增值税。

### 增值税进项税额管理

该部分包含六项内容，具体如下。

（1）不得抵扣的进项税额。包括：①用于适用简易计税方法的计税项目、非增值税应税项目、免征增值税项目、集体福利或个人消费的购进货物、接受加工修理修配劳务或应税服务；②非正常损失的在产品、产成品所耗用的购进货物（不包括固定资产）、加工修理修配劳务和交通运输服务；③非正常损失的购进货物及相关的加工修理修配劳务和交通运输服务；④自用的应征消费税的摩托车、汽车、游艇，但作为提供运输服务的运输工具和租赁服务标的物除外；⑤接受的旅客运输服务。

（2）应作进项税额转出而未作进项税额转出。已抵扣进项税额的购进货物、接受加工修理修配劳务或应税服务，发生简易计税方法计税项目、非增值税应税劳务、免征增值税项目除外，应当将该进项税额从当期进项税额中扣减；无法确定进项税额的，按照当期实际成本计算应扣减的进项税额。

（3）汇总增值税专用发票。一般纳税人销售货物或提供应税劳务/应税服务，可汇总开具增值税专用发票，同时使用防伪税控系统开具的销售货物或提供应税劳务/应税服务清单，并加盖发票专用章。若收到无清单或资质清单的汇总开具的增值税专用发票，则不可抵扣税款。

（4）红字增值税专用发票。纳税人提供应税服务，开具增值税专用发票后，发生提供应税服务中止、折让、开票有误等情形，应当按照国家税务总局的规定开具红字增值税专用发票。未按照规定开具红字增值税专用发票的，不得抵减销项税额或销售额。

（5）抵扣率准确性。包括：①从一般纳税人处取得的增值税专用发票的抵扣率为13%；②从货物运输业一般纳税人处取得的货运发票的抵扣率为9%；③从邮电通信业取得的基本业务增值税专用发票的抵扣率为9%，增值业务增值税专用发票的抵扣率为6%；④从现代服务业一般纳税人处取得的增值税专用发票的抵扣率为6%；⑤属于2019年4月1日以后取得和租入的不动产的抵扣率为9%；⑥2016年4月30日（含）以前取得和租入的不动产的抵扣率为5%；⑦自2016年5月1日（含）至2019年3月30日（含）取得和租入的不动产的抵扣率为11%；⑧2019年4月1日（含）以后取得和租入的不动产的抵扣率为9%；⑨从小微企业取得的由税务机关代开的增值税专用发票的抵扣率为3%。

（6）取得不动产进项税额分两年抵扣的规定。适用一般计税方法的试点纳税人，自2016年5月1日（含）以后至2019年3月30日（含）以前取得，并在会计制度上按固定资产核算的不动产，或者自 2016 年 5 月 1 日（含）以后至 2019 年 3 月 30 日（含）以前取得的不动产在建工程，其进项税额应自取得之日起分两年从销项税额中抵扣，第一年抵扣比例为 60%，第二年抵扣比例为 40%，抵扣时间为取得抵扣凭证后的第 13 个月。自 2019 年 4 月 1 日（含）起，不动产抵扣不再分两年，而在当年全部抵扣。如果改建、扩建、修缮、装饰不动产，为其增加的价值不足原值的 50%，则不受两年时间期限，可一次性抵扣。如果纳税人销售其取得的不动产或不动产在建工程，允许于销售当期将尚未抵扣完毕的待抵扣进项税额抵扣完毕，则不必等待第 13 个月，可以提前全额抵扣。

## 第三节　增值税的涉税风险

增值税作为我国第一大税种，一直是监管的重点，相关处罚程度也是最重的，所以企业千万不要触犯增值税相关规定。下面整理出常见的企业增值税方面的涉税风险，建议企业进行自查。

**增值税纳税常见的涉税问题**

包含八项常见风险，具体如下。

（1）纳税义务发生时间的涉税风险。人为滞后销售入账时间，延迟纳税，包括四种情形：①采用托收承付结算方式销售时，为调减当期销售额或利润，延期办理托收手续；②发出商品时不进行销售收入处理，不申报纳税；③采用交款提货销售时，货款已收到，提货单和发票已交给对方，但买方在尚未提货的情况下，不进行销售收入处理；④故意推迟代销商品的结算，认为调节或推迟确认当期应缴税费。

（2）销售额申报情况的涉税风险。采取少申报或不申报销售额的办法，不计或少计销项税额，包括两种情形：①账面已确认销售，但账面未计提销项税额，未申报纳税；②账面已确认销售，已计提销项税额，但未申报或少申报纳税。

（3）账面隐匿销售额的涉税风险。不按规定核算货物销售额，应计未计销售收入，不计提销项税额，包括三种情形：①销售货物直接冲减"生产成本"或"库存商品"；②以物易物不按规定确认收入，不计提销项税额；③用货物抵偿债务，不按规定计提销项税额。

（4）还本销售、以旧换新的涉税风险。包括两种情形：①采取还本销售方式销售货物，按减除还本支出后的销售额计税；②采用以旧换新方式销售货物，按实际收取的销售款项计税（金银首饰除外）。

（5）出售、出借包装物的涉税风险。包含两种情形：①随同产品出售单独计价包装物，但不计或少计收入；②包装物押金收入不及时纳税。

（6）收取价外费用的涉税风险。将向购货方收取的应一并缴纳增值税的各种家外费用，采用不入账、冲减费用、人为分解代垫运费或长期挂往来账等方式，不计算缴纳增值税。

（7）应税固定资产出售的涉税风险。分解出售应税固定资产取得的收入，造成转让价格低于原值的假象，逃避缴纳税款。

（8）利用关联企业转移计税价格的涉税风险。销售货物或销售应税劳务的价格明显低于同行业其他企业同期的（平均）销售价格。

**增值税销项税额常见的涉税问题**

包含以下五项常见问题：

（1）委托代销业务未申报纳税。

（2）委托代销业务未按规定申报纳税。

（3）不同市（县）间移送货物用于销售，未申报纳税。

（4）自产或委托加工的货物用于非应税项目、集体福利和个人消费，未视同销售申报纳税。

（5）自产、委托加工或购买的货物用于对外投资、分配股利（红利）或无偿赠送他人，未视同销售申报纳税。

**增值税进项税额常见的涉税问题**

包含五项常见问题，具体如下。

（1）购进环节的涉税问题。包括四种情形：①购进固定资产和工程物资（除中部、东北试点地区外）等抵扣进项税额；②扩大农产品收购凭证的适用范围，将其他费用计入买价，多抵扣进项税额；③采购途中的非合理损耗，未按规定转出进项税额；④错用税率，低税高抵。

（2）存货的涉税问题。包括六种情形：①发生退货或取得折让，未按规定作进项税额转出；②用于非应税项目、非正常损失的货物，未按规定作进项税额转出；③用于免税项目的货物，未按规定转出进项税额；④以存计销，将因管理不善等原因造成的材料短缺计入正常发生数，少缴纳增值税；⑤盘亏材料未按规定程序和方法及时进行账务处理，造成相应的进项税额未转出；⑥盘亏相抵后，作进项税额转出，少缴纳增值税。

（3）在建工程的涉税问题。包括四种情形：①工程用料直接计入相关成本、费用，而不通过"在建工程"账户核算，多抵扣进项税额；②工程用料不作进项税额转出；③故意压低工程用料价格，少作进项税额转出；④工程耗用的水、电、气等不进行分配，少作进项税额转出。

（4）运输费用的涉税风险。包括两种情形：①扩大计税抵扣基数或者错用税率；②非应税项目的运费支出计算进项税额抵扣。

（5）返利的涉税风险。包括两种情形：①用返利冲减销售费用，不作进项税额转出；②把返利挂入其他应付款、其他应收款等往来账，不作进项税额转出。

## 第四节 增值税的纳税筹划

增值税的纳税筹划方法有很多种，有的比较常见，有的非常罕见，企业无论采用哪一种纳税筹划方法，都必须要结合自身实际情况，设计出最匹配的方案。

**不同销售方式的纳税筹划**

销售从来不是单一行为，而是多种方式的混搭，比如常见的打折、满减、返现、买一赠一、满额返券、购物抽奖等，和网络时代新兴的置换、纯佣、KOC 种草等。不同的销售方式增值税的核算是有区别的，企业在选择时，不仅要考虑营销活动本身的效果，还要考虑税费问题。

某商场为增值税一般纳税人。销售商品的毛利率为 50%，即销售 1000 元商品的平均购入成本为 500 元（两者均为含税价）。购入的商品均可取得增值税专用发票，可以从销项税额中抵扣。为提升销售业绩，该商场决定在 2021 年夏初展开一次大力度促销活动，有三种方案（仅考虑增值税一个税种）可供选择，具体如下。

方案 1，所有商品八折促销。

方案 2，消费者每购买商品满 1000 元，返还现金 200 元。

方案 3，消费者每购买 1000 元商品，赠送价值 200 元的商品购物券（赠品购入成本为 100 元）。

在进行方案选择之前，必须先了解"折扣""返现""返券"三种不同促销方案对应的不同增值税规定：

方案 1 对应"折扣销售"。税法规定，企业发生商业折扣，如果商品的销售额和折扣额在同一张发票上分别注明，则按照折扣后的销售额计征增值税；如果折扣额另开发票，无论在会计上如何处理，均不得从销售额中扣除折扣额，需全额计征增值税。

方案 2 对应"返现销售"。税法规定，销售返现的现金在性质上属于企业的促销费用，对企业增值税的计算没有影响，企业按照销售额计算销项税即可。

方案 3 对应"返券销售"。税法规定，企业将资产、委托加工和购买的货物用于集体福利、个人消费或者无偿赠送他人的，应视同销售，计算增值税销项税额并缴纳增值税。

通过对上述三种促销方案增值税规定的了解，再结合以下对三种促销方案的详细计算，就可以得出哪种方案更具力度。

方案 1，

若销售额和折扣额开在同一张发票上，则应按折扣后的销售额计算销项税额：

应纳增值税 = [1000 元 × 0.8 ÷（1+13%）]× 13%-[500 元 ÷（1+13%）]× 13% = 34.51 元。

若折扣额开在另一张发票上，则不得从销售额中扣除折扣额，须全额计算销项税额：

应纳增值税 = [1000 元 ÷（1+13%）]× 13%-[500 元 ÷（1+13%）]× 13% = 57.52 元。

方案 2，

返还的 200 元现金作为销售费用处理，对增值税没有影响：

应纳增值税 = [1000 元 ÷（1+13%）]× 13%-[500 元 ÷（1+13%）]× 13% = 57.52 元。

方案 3,

返券购买的商品应视同销售，计算并缴纳增值税：

应纳增值税 =[1000 元÷（1+13%）×13%–500 元÷（1+13%）×13%]+[200 元÷（1+13%）×13%–100 元÷（1+13%）×13%] = 69.07 元。

仅以缴纳增值税论，采用第一种方案打折促销并将销售额和折扣额并列开在同一张发票上缴纳的增值税税额最低。但企业在具体选择方案时，还应考虑其他税种，作出最佳选择。

**不同采购对象的纳税筹划**

作为一般纳税人，企业在采购时要考虑增值税进项税额能否抵扣的问题。如果采购对象是一般纳税人，可以取得增值税专用发票进行税款抵扣。如果采购对象是小规模纳税人，若自愿使用增值税发票系统开具或申请税务机关代开增值税专用发票，企业可以据此进行税额抵扣；若无法提供增值税专用发票，企业将无法进行税额抵扣。

某公司是增值税一般纳税人，适用的增值税税率为 13%。本年初预计年销售额为 1000 万元（含税），需要采购不锈钢原材料 300 吨。A 供应商为一般纳税人，每吨不锈钢含税价为 3200 元，能够开具增值税专用发票，税率为 13%；B 供应商为小规模纳税人，每吨不锈钢含税价为 3000 元，可以自行开具增值税专用发票，税率为 3%；C 供应商为小规模纳税人，每吨不锈钢含税价为 2900 元，只能开具增值税普通发票。该公司本年其他可以抵扣的增值税进项税额为 20 万元。那么，在仅考虑增值税税额的情况下，应该选择哪家供应商呢？

如果选择 A 供应商，那么每吨不锈钢增值税进项税额 = 3200 元÷（1+13%）×13% = 368.14 元。

每吨不锈钢采购成本 = 3200 元 –368.14 元 = 2831.86 元。

本期应纳增值税 =[1000 万元÷（1+13%）]×13%–300 吨×368.14

元 –20 万元＝ 84 万元。

如果选择 B 供应商，那么每吨不锈钢增值税进项税额＝ 3000 元 ÷（1+3%）× 3%＝ 87.38 元。

每吨不锈钢采购成本＝ 3000 元 –87.38 元＝ 2912.62 元。

本期应纳增值税＝ [1000 万元 ÷（1+13%）]× 13%–300 吨 × 87.38 元 –20 万元＝ 92.42 万元。

如果选择 C 供应商，那么每吨不锈钢增值税进项税额＝ 0 元。

每吨不锈钢采购成本＝ 2900 元。

本期应纳增值税＝ [1000 万元 ÷（1+13%）]× 13%–20 万元＝ 95.04 万元。

仅以缴纳增值税论，从 A 供应商处采购原材料的税负最低。但是税负最低，并不意味着采购成本也最低，还应进一步计算出企业的税后利润，要以税后利润最大化作为决策依据。

**混合销售行为的纳税筹划**

如果一项销售行为既涉及销售应税商品，又涉及提供应税劳务，则为混合销售。法律规定原则以主营业务为判断依据。

混合销售行为成立的标准有两点：①销售行为必须在整体一项之内；②销售行为必须既涉及货物销售，又涉及应税服务。

A 家电销售公司为一般纳税人，主要代理销售国内知名品牌的电视机、空调、冰箱、洗衣机、壁挂炉等。2022 年 5 月，共计销售 1000 台某品牌空调，每台售价为 3580 元（含税），购进价为 2980 元（含税）。另外，在销售空调的过程中负责为客户安装，每台空调向客户收取 200 元（含税）安装及调试费。

如果将安装调试费与销售价格捆绑，A 家电销售公司同时存在货物销售和应税服务，混合销售行为应按销售货物缴纳 13% 的增值税。

A 家电销售公司 2022 年 5 月应纳增值税 = 1000 台 ×[（3580 元 +200 元）÷（1+13%）× 13%-2980 元 ÷（1+13%）× 13%] = 92035.4 元。

可以再成立一家独立核算的售后服务公司 B（小规模纳税人），由 B 售后服务公司为客户提供空调的安装及调适服务并收取费用。经此转换后，安装调试费被分离出来，该公司只按照 3% 的征收率缴纳增值税即可。

A 家电销售公司 2022 年 5 月应纳增值税 = 1000 台 ×[3580 元 ÷（1+13%）× 13%-2980 元 ÷（1+13%）× 13%] = 69026.55 元。

B 售后服务公司 2022 年 5 月应纳增值税 = 1000 台 ×[200 ÷（1+3%）× 3%] = 5825.24 元。

将 A 家电销售公司的应纳增值税和 B 售后服务公司的应纳增值税相加，得出 74851.79 元，比未筹划前的 92035.4 元应纳增值税节约了 17183.61 元。

**不动产进项税额抵扣的纳税筹划**

"营改增"之后，企业购入或者自建不动产允许进行进项税额抵扣，对重资产企业来说是重大利好。

A 公司拥有一幢面积为 400 平方米的办公楼，但无论是装潢还是设备都比较陈旧，越发不能满足现代企业的业务需求。经董事会研究决定，于 2023 年 3 月开始对办公楼整体进行整修。办公楼的账面原值为 900 万元，装修预算为 500 万元（不含税），其中采购办公设备、电子设备和装修材料等成本为 320 万元，外包装潢公司的设计费用为 80 万元，装修费用为 100 万元。但公司财务部总监提出将总预算控制在 450 万元以内，因为改建、扩建、修缮、装饰不动产增加不动产原值未超过 50% 的，进项税额可以一次性抵扣，不必分两年抵扣。

A 公司为增值税一般纳税人，货物或服务的供应商均为一般纳税人，所购货物或服务都可以取得增值税专用发票。A 公司采购设备等适用 13% 的增值税税率，购进的设计服务按照现代服务业适用 6% 的增值税税率，购进的装修服务属于建筑服务适用 9% 的增值税税率。

如果 A 公司未能通过预算修改，装修支出超过了不动产原值的 50%，则需要将对应的进项税额分两年抵扣，即 2023 年抵扣 60%，2024 年抵扣 40%。

2023 年可抵扣进项税额 =（320 万元 ×13%+80 万元 ×6%+100 万元 ×9%）×60% = 33.24 万元。

2024 年可抵扣进项税额 =（320 万元 ×13%+80 万元 ×6%+100 万元 ×9%）×40% = 22.16 万元。

如果 A 公司通过了预算修改，装修支出未超过不动产原值的 50%，进项税可以一次性抵扣。最终 A 公司采用招投标方式，将采购成本从 320 万元压缩到 280 万元；通过与装潢公司的协商，将设计费用和装修费用分别下调 10 万元，总预算为 440 万元。

2023 年可抵扣进项税额 = 280 万元 ×13%+70 万元 ×6%+90 万元 ×9% = 48.7 万元。

将装修总预算成本压缩至不动产原值的 50% 以下，不仅能一次性抵扣进项税额，还能节约税款 67000 元（33.24 万元 +22.16 万元 −48.7 万元）。

**兼营不同税率货物或服务的纳税筹划**

多元化经营中，企业的主营业务确定后，其他业务项目即为兼营业务，且不同业务适用的增值税税率是不同的。如果一家企业既经营税率为 13% 的生活资料，又经营税率为 9% 的农业用生产资料，那么依据税法规定，若未分别核算，则从高适用税率。

地处华南的 A 综合市场属于增值税一般纳税人。2023 年 1 月，市场销售粮食、食用油取得含税销售额 40 万元；销售日用百货取得含税销售额 410 万元；经营快餐、风味小吃取得含税营业收入 80 万元。该市场设有三个收银岗位，但会计核算不规范，没有分别核算不同业务的销售收入。本期取得可以抵扣的进项税额 26 万元。那么，该市场应如何进行纳税筹划才能做到最大限度节约税款呢？

税法明文规定，兼营不同税率的销售货物或应税服务，在取得收入后应分别如实记账，并按其所适用的税率各自计算应纳税额。A 综合市场的销售行为属于兼营不同税率的销售货物：销售粮食和食用油适用 9% 的增值税税率；销售日用百货适用 13% 的增值税税率；经营餐饮业务按生活服务业适用 6% 的增值税税率。但因该市场未能分别核算各项经营项目，因此从高适用 13% 的增值税税率。

纳税筹划前应纳增值税 =（40 万元 +410 万元 +80 万元）÷（1+13%）× 13%–26 万元 = 34.97 万元。

A 综合市场聘请专业记账机构进行代理记账，分别核算不同经营项目的销售额，按不同税率分别计算应纳增值税。

纳税筹划后应纳增值税 = [40 万元 ÷（1+9%）× 9%+410 万元 ÷（1+13%）× 13%+80 万元 ÷（1+6%）× 6%]–26 万元 = 29 万元。

通过上述计算结果对比，在企业有兼营不同税率业务的情况下，一定要将所兼营的各项业务所得分开计算税率，这样做除了计算起来有些麻烦外，还可以获得实实在在的利益。仅此一项，A 综合市场每个月就能减少 5.97 万元（34.97 万元 –29 万元）支出。如果是经营规模更大的企业，每月、每年能通过此项纳税筹划节约很大一笔支出。

# 第十三章 企业所得税风险管控与纳税筹划

## 第一节 企业所得税计算

企业所得税是对我国境内的企业和其他取得收入的组织的生产经营所得和其他所得征收的一种所得税。

**应纳税所得额的确定**

应纳税所得额是企业所得税的计税依据,依照我国《企业所得税法》的规定,应纳税所得额为企业每一个纳税年度的收入总额,减除不征税收入、免税收入、各项扣除以及允许弥补的以前年度亏损后的余额。公式如下:

应纳税所得额＝收入总额－不征税收入－各项扣除金额－允许弥补的以前年度亏损。

企业也可以采用间接法,对当期会计利润按照所得税法的规定进行调整,得到应纳税所得额。公式如下:

应纳税所得额＝会计利润总额 ± 纳税调整项目金额。

**税率的规定**

企业所得税基本税率为25%,适用于居民企业,以及在中国境内设有机构、场所且所得与机构、场所有关联的非居民企业。

企业所得税的低税率为20%，适用于在我国境内未设立机构、场所，或虽设立机构、场所，但取得的所得与其所设立的机构、场所没有实际联系的非居民企业。实际征税时，适用10%的优惠税率。

我国对小微企业，减按20%税率征收企业所得税。

应纳税额的公式如下：

应纳税额＝应纳税所得额×适用税率。

## 第二节 企业所得税费用把控

作为企业管理者，一定知道控制企业经营所需各项费用的支出，但未必知道各项费用的支出是有底线保障的。

**业务招待费的把控**

《企业所得税法实施条例》第四十三条："企业发生的与生产经营活动有关的业务招待费支出，按照发生额的60%扣除，但最高不得超过当年销售（营业）收入的5‰。"

其中，当年销售（营业）收入额包含视同销售收入。

A公司2022年实现营业收入5 000万元，实际发生的与生产经营活动有关的业务招待费50万元，其中以成本为30万元的企业自制商品为礼品馈赠客户，同类商品的市场售价总计在40万元（视同销售收入）。

A公司在计算业务招待费税前扣除额时，应先进行纳税调整，调整后的业务招待费为20万元（50万元–30万元），调整后的计税基础为5 040万元（5 000万元+40万元）。按销售收入的5‰计算业务招待费税前扣除为 25.2 万元（5040 万元 ×5‰），按业务招待费实际发生额的 60% 计算扣除限额为 12 万元（20 万元 ×60%）。由于 12 万元＜25.2 万元，满足"最高不得超过当年销售（营业）收入的 5‰"的条件，则 A 公司业务招待费企业所得税税前扣除限额为 12 万元，应纳税所得额为 8 万元（20 万元 −12 万元）。

### 广告宣传费的把控

企业申报的广告宣传费支出必须符合两项条件：①广告是经过工商部门批准的专门机构制作的；②已实际支付，并已取得相应发票，也已通过一定的媒体传播。

《企业所得税法实施条例》第四十四条："企业发生的符合条件的广告费和业务宣传费支出，除国务院财政、税务主管部门另有规定外，不超过当年销售（营业）收入 15% 的部分，准予扣除；超过部分，准予在以后纳税年度结转扣除。"

其中，当年销售（营业）收入额包含视同销售收入。

### 职工福利费的把控

企业实际发生的满足职工共同需要的集体生活、文化、体育、娱乐等方面的职工福利费支出的税前扣除政策可以参考下面条款。

《企业所得税法实施条例》第四十条："企业发生的职工福利费支出，不超过工资薪金总额 14% 的部分，准予扣除。"

因职工福利费也可以包含职工教育经费。《企业所得税法实施条例》第四十二条："除国务院财政、税务主管部门另有规定外，企业发生的职工教育经费支出，不超过工资薪金总额 2.5% 的部分，准予扣除；超过部分，准予在以后纳税年度结转扣除。"

为鼓励企业加大职工教育投入，经认定的技术先进型企业的职工教育经费税前扣除政策具体如下。

《财政部 税务总局关于企业职工教育经费税前扣除政策的通知》第一条:"企业发生的职工教育经费支出,不超过工资薪金总额8%的部分,准予在计算企业所得税应纳税所得额时扣除;超过部分,准予在以后纳税年度结转扣除。"

**利息支出费的把控**

《企业所得税法实施条例》第三十八条:"企业在生产经营活动中发生的下列利息支出,准予扣除:(一)非金融企业向金融企业借款的利息支出、金融企业的各项存款利息支出和同业拆借利息支出、企业经批准发行债券的利息支出;(二)非金融企业向非金融企业借款的利息支出,不超过按照金融企业同期同类贷款利率计算的数额的部分。"

其中第(二)项也可包括向股东或其他与企业有关联的自然人、向企业内部职工或其他人员借款。

对于采用实际利率法确认的与金融负债相关的利息费用,未超过同期银行贷款利率的部分,可在计算当期应纳税所得额时扣除,超过的部分不得扣除。

# 第三节 企业所得税的涉税风险

企业所得税汇算清缴是常见的纳税话题,然而企业在实际清缴过程中或许因为对政策理解得不够准确,或许因为在纳税筹划上有所疏失,或许就是单纯地想要节省一些税负,导致税收缴纳存在一定的风险。

**小微企业免征的增值税，是否需要缴纳企业所得税**

某公司 2022 年度季度销售额没有超过 9 万元，享受了小微企业的增值税减免。那么，所免征的增值税，是否需要缴纳企业所得税？

企业取得的各类财政性资金，除属于国家投资和资金使用后要求归还本金的以外，均应计入企业当年收入总额。

财政性资金是指企业取得的来源于政府及其有关部门的财政补助、补贴、贷款贴息，以及其他各类财政专项资金，包括直接减免的增值税和即征即退、先征后退、先征后返的各种税收，但不包括企业按规定取得的出口退税款。

国家投资是指国家以投资者身份投入企业，并按有关规定相应增加企业实收资本（股本）的直接投资。

因此，小微企业免征的增值税需要并入收入总额，缴纳企业所得税。

**企业取得的权益性投资收益，是否免征企业所得税**

某公司是投资性企业，既对居民企业进行投资，也在公开交易市场购买股票。那么，该公司取得的投资收益，何时确认收入？是否可免征所得税？

企业权益性投资取得股息、红利等收入，应以被投资企业股东会/股东大会作出利润分配或转股决定的日期，确定收入的实现。

根据《企业所得税法》第二十六条第（二）项规定，符合条件的居民企业之间的股息、红利等权益性投资收益，为免税收入。

那么，需要符合什么条件呢？

根据《企业所得税法实施条例》第八十三条规定：

（1）直接投资于其他居民企业取得的投资收益。

（2）不包括连续持有居民企业公开发行并上市流通的股票不足 12 个月

取得的投资收益。

**用于股权激励的支出，是否能进行企业所得税税前扣除**

2022年8月，某上市公司发布股权激励公告，对在该公司任职的董事、高级管理人员、中层管理人员、核心技术人员和核心业务人员，以股票期权+限制性股票的形式进行激励，股票来源是该公司定向发行的A股普通股。那么，这部分支出能在企业所得税税前扣除吗？

该公司面临的问题关键在于是否满足激励标的、激励对象以及时间要求。

根据《国家税务总局关于我国居民企业实行股权激励计划有关企业所得税处理问题的公告》的规定：上市公司按照证监会发布的《上市公司股权激励管理办法（试行）》建立股权激励计划，以本公司股票为标的，对其董事、监事、高级管理人员及其他员工进行的长期性激励，股权激励实行方式包括授予限制性股票、股票期权以及其他法律法规规定的方式。对股权激励计划实行后立即可以行权的，上市公司可以根据实际行权时该股票的公允价格与激励对象实际支付价格的差额及数量，计算确定作为当年上市公司工资薪金支出，依照税法规定进行税前扣除。

限制性股票，是指《上市公司股权激励管理办法（试行）》中规定的激励对象按照股权激励计划规定的条件，从上市公司获得的一定数量的本公司股票。

股票期权，是指《上市公司股权激励管理办法（试行）》中规定的上市公司按照股权激励计划授予激励对象在未来一定期限内，以预先确定的价格和条件购买本公司一定数量股票的权利。

因此，上市企业实行股权激励的标的须为本企业股票，激励对象须为董监高等人员，并应满足实际行权这一时间要求后，股权激励支出方可在企业所得税税前扣除。

综上所述，案例公司的股权激励计划满足上述法律、法规、政策对激励标的、激励对象等具体要求，在激励对象实际行权当年，该公司可以按照股票的公允价格与激励对象实际支付价格的差额及数量，计算企业所得税税前可扣除的成本费用。

### 三年以上的应付未付款项，是否应作为收入并入应纳税所得额

某公司的应付账款中，有几笔已经超过三年了。那么，这些三年以上的应付未付款项是否应作为收入并入应纳税所得额？

根据《企业所得税法实施条例》第二十二条规定："企业所得税法第六条第（九）项所称其他收入，是指企业取得的除企业所得税法第六条第（一）项至第（八）项规定的收入外的其他收入，包括企业资产溢余收入、逾期未退包装物押金收入、确实无法偿付的应付款项、已作坏账损失处理后又收回的应收款项、债务重组收入、补贴收入、违约金收入、汇兑收益等。"

目前，税法对确实无法偿付的应付款项确认其他收入，并没有量化时间为三年以上的规定，企业如有证据显示该三年以上的应付未付款项确属于无法偿付的应付款项，那么就可以作为收入并入应纳税所得额。

## 第四节　企业所得税的纳税筹划

企业所得税是企业经营的重头税，人工成本、招待费用、宣传费用、利息费用等占据企业总成本的很大一部分，因此非常有必要合理规避税收负担。关于招待费用，已经在本章第二节的"业务招待费的把控"中进行

了详细解释，还有案例可以当作相关纳税筹划，在此不做赘述。

**人工成本的纳税筹划**

人工成本是企业每一纳税年度支付给在本企业任职或者受雇的员工的所有现金形式或者非现金形式的劳动报酬，包括基本工资、奖金、津贴、补贴、年终加薪、加班工资，以及与员工任职或者受雇有关的其他支出。

《企业所得税法实施条例》第三十四条第一款："企业发生的合理的工资薪金支出，准予扣除。"

《企业所得税法实施条例》第三十五条："企业依照国务院有关主管部门或者省级人民政府规定的范围和标准为职工缴纳的基本养老保险费、基本医疗保险费、失业保险费、工伤保险费、生育保险费等基本社会保险费和住房公积金，准予扣除。企业为投资者或者职工支付的补充养老保险费、补充医疗保险费，在国务院财政、税务主管部门规定的范围和标准内，准予扣除。"

《企业所得税法实施条例》第三十六条："除企业依照国家有关规定为特殊工种职工支付的人身安全保险费和国务院财政、税务主管部门规定可以扣除的其他商业保险费外，企业为投资者或者职工支付的商业保险费，不得扣除。"

《企业所得税法实施条例》第四十条："企业发生的职工福利费支出，不超过工资薪金总额14%的部分，准予扣除。"

《企业所得税法实施条例》第四十一条："企业拨缴的工会经费，不超过工资薪金总额2%的部分，准予扣除。"

《企业所得税法实施条例》第四十二条："除国务院财政、税务主管部门另有规定外，企业发生的职工教育经费支出，不超过工资薪金总额2.5%的部分，准予扣除；超过部分，准予在以后纳税年度结转扣除。"

《企业所得税法实施条例》第四十八条："企业发生的合理的劳动保护支出，准予扣除。"

《企业所得税法实施条例》第九十六条："企业所得税法第三十条第（二）项所称企业安置残疾人员所支付的工资的加计扣除，是指企业安置残疾人员的，在按照支付给残疾职工工资据实扣除的基础上，按照支付给残疾职工工资的100%加计扣除。残疾人员的范围适用《中华人民共和国残疾人保障法》的有关规定。企业所得税法第三十条第（二）项所称企业安置国家鼓励安置的其他就业人员所支付的工资的加计扣除办法，由国务院另行规定。"

按照《国家税务总局关于企业所得税若干问题的公告》第二条："企业根据其工作性质和特点，由企业统一制作并要求员工工作时统一着装所发生的工作服饰费用，根据《实施条例》第二十七条的规定，可以作为企业合理的支出给予税前扣除。"

A啤酒企业在2018年5月组织员工加班生产一批关联世界杯的畅饮冰啤。夏季高温，公司给每位生产一线的员工发放500元防暑降温补贴，但因企业当年的职工福利费支出已超规定的税前扣除标准，应如何进行纳税筹划呢？

防暑降温补贴在性质上属于职工福利费，如果随工资一并发放，就要考虑"不超过工资薪金总额14%"的限制，超额发放会导致企业纳税调整。正确的做法是直接为员工购买实物，如防暑工作服、清凉饮料、常用药品和营养补品等防暑降温物品，此项支出属于劳动保护费，在税前可以全额扣除。

**利息费用的纳税筹划**

我国《企业所得税法》对普通企业（非金融企业）利息费用的税前扣除，做了系列规定，企业可以用作参考。

（1）在生产、经营期间，向金融机构借款的利息支出，按照实际发生数扣除。

（2）向非金融机构借款的利息支出，不高于按照金融机构同期同类贷款利率计算的数额的部分，准予扣除。

（3）向内部职工或个人借款的利息支出，符合以下条件的，在不超过按照金融企业同期同类贷款利率计算的数额的部分，准予扣除：①借贷真实、合法、有效；②企业与个人签订了借款合同。

（4）企业向关联方借款的，企业从其关联方接受的债权性投资与权益性投资的比例超过规定标准而发生的利息支出，不得在计算应纳税所得额时扣除。

根据《关于企业关联方利息支出税前扣除标准有关税收政策问题的通知》的规定：企业实际支付给关联方的利息支出，除能够提供相关资料并证明交易符合独立交易原则，或者企业的实际税负不高于境内关联方，其接受关联方债权性投资与权益性投资的比例为：金融企业为5∶1；其他企业为2∶1。

A公司为建筑材料制造企业，B公司为其主要原料供应商。2021年7月，A公司急需1000万元周转资金，但无法从银行取得借款，转而与B公司协商，从B公司借款1000万元，使用期限一年，利率为7.5%，而一年期的银行贷款利率为4.35%。A公司2021年息前税前利润总额为2200万元，无其他纳税调整事项。

企业与企业之间的借款交易，可以转变为利用商业信用进行筹资，即通过延迟付款的方式将利息支出巧妙地转化为企业的采购成本。在实际操作中，A公司将对B公司的现金采购变为赊销，同时将采购价格由1000万元提高至1075万元，约定一年后全额支付货款。

A公司在进行纳税筹划前，

允许扣除的利息费用＝1000万元×4.35%＝43.5万元。

不允许扣除的利息费用＝1000万元×7.5%-43.5万元＝31.5万元。

应纳税所得额＝2200万元–43.5万元＝2156.5万元。

应纳企业所得税＝2156.5万元×25%＝539.13万元。

A公司在进行纳税筹划后，

假设A公司在2021年将全部采购成本（含增加的75万元）都耗用完毕，且生产的产品都全部售出，则额外支出的75万元作为主营业务成本，全部可抵扣应纳税所得额。

应纳税所得额＝2200万元–75万元＝2125万元。

应纳企业所得税＝2125万元×25%＝531.25万元。

进行将利息费用的纳税筹划后，A公司的应纳企业所得税降低了7.88万元（539.13万元–531.25万元）。

**广告宣传费的纳税筹划**

根据《企业所得税法实施条例》的规定，企业的广告费和业务宣传费支出不超过当年销售（营业）收入15%的部分，准予扣除；超过部分，准予在以后纳税年度结转扣除。

企业筹建期间发生的广告费和宣传费，可按实际发生额计入企业筹办费，按上述规定在税前扣除。

某房地产公司计划在2020年开发一处高档楼盘，项目已取得预售许可证。为了宣传，公司营销部计划在电视台和网络上投放广告，广告费预算7000万元。由于受到房地产限购和银行信贷政策紧缩的双重影响，该公司2019年业绩欠佳，全年销售收入为4亿元。再加上新冠疫情的打击，预计2020年的业绩不会好于2019年，能够保持在4亿元就属最高了。那么，该公司7000万元的广告费预算是否应该精简，为什么？

在公司经营状况不佳的情况下，应该尽可能开源节流，广告宣传费用是一项伸缩性很强的预算，管控得松一些，投入得就多，管控得紧一些，投入得就能少点，只要不过度紧缩，宣传效果其实差不多。该公司 2020 年预计的最高营业额是 4 亿元，当年能够在税前抵扣的广告宣传费用最高预计为 6000 万元。可以将现预计的 7000 万元广告宣传预算缩减至 6000 万元以下，达到 5000 万元左右为宜，以减少公司当年应纳税所得额的调整。

**技术转让所得的纳税筹划**

自 2015 年 10 月 1 日起，全国范围内的居民企业转让 5 年（含）以上非独占许可使用权取得的技术转让所得，纳入享受企业所得税优惠的技术转让所得范围。居民企业的年度技术转让所得不超过 500 万元的部分，免征企业所得税；超过 500 万元的部分，减半征收企业所得税。

所称技术包括专利（含国防专利）、计算机软件著作权、集成电路布图设计专有权、植物新品种权、生物医药新品种，以及财政部和国家税务总局确定的其他技术。其中，专利是指法律授予独占权的发明、实用新型以及非简单改变产品图案和形状的外观设计。

技术转让所得的公式如下（两个）：

技术转让所得 = 技术转让收入 – 技术转让成本 – 相关税费。

技术转让所得 = 技术转让收入 – 无形资产摊销费用 – 相关税费 – 应分摊的期间费用。

某公司从事通信设备的研发制造，在 2021 年 12 月 12 日以 1500 万元的价格转让一项通信专利技术。技术转让成本的相关税费、分摊的期间费用等为 500 万元，该公司是否应对该项技术转让所得进行纳税筹划？

因为"年度技术转让所得不超过 500 万元的部分，免征企业所得税"，所以该公司应该对技术转让所得进行纳税筹划。可以采用分期收款的方式，将超过 500 万元的所得分摊到以后年度。而且，分摊递延几个年度，"技术转让成本的相关税费、分摊的期间费用等为 500 万元"也应平均分摊至几个年度。因此，该公司在签订技术转让合同时，应明确分期收款的结算方式，2021 年收取 750 万元技术转让款，2022 年再收取 750 万元技术转让款。

该公司在纳税筹划前，

技术转让所得 = 1500 万元 – 500 万元 = 1000 万元（免税的部分为 500 万元）。

应纳企业所得税 =（1000 万元 – 500 万元）× 25% × 50% = 62.5 万元

该公司在纳税筹划后，

2021 年技术转让所得 = 750 万元 – 250 万元 = 500 万元（全部为免税部分）。

2022 年技术转让所得 = 750 万元 – 250 万元 = 500 万元（全部为免税部分）。

因为将技术转让所得分摊至两年结算，每一年的技术转让所得都没超过 500 万元，都在免税范围内，所以纳税筹划后，该公司的技术转让所得的应纳企业所得税为 0 元。

# 第十四章 个人所得税风险管控与纳税筹划

## 第一节 个人所得税计税方法

个人所得税是以个人（自然人）取得的各项应税所得为对象征收的一种税。2019年4月1日，修订后的《个人所得税法》实施，规定取得"综合所得"或"经营所得"的纳税人，在5 000元的基本减除费用和"五险一金"专项扣除外，还可以依条件享受子女教育、继续教育、大病医疗、住房贷款利息或住房租金、赡养老人，共6项专项附加扣除。可以说，这次个税改革的惠及面大增，很多个人和家庭得到了实惠。

**居民纳税人和非居民纳税人**

在我国境内有住所或者无住所但一个纳税年度内在中国境内居住累计满183天的个人，为居民个人。居民个人从中国境内和境外取得的所得，依照《个人所得税法》及相关法律、法规、政策的规定，交纳个人所得税。

在中国境内无住所又不居住或者无住所但一个纳税年度内在中国境内居住累计不满183天的个人，为非居民个人。非居民个人从中国境内取得的所得，依照《个人所得税法》及相关法律、法规、政策的规定，交纳个人所得税。

纳税年度的规定，自公历1月1日（含）起至12月31日（含）止。

**综合所得和分项所得**

《个人所得税法》第二条第一款："下列各项个人所得，应当缴纳个人所得税：（一）工资、薪金所得；（二）劳务报酬所得；（三）稿酬所得；（四）特许权使用费所得；（五）经营所得；（六）利息、股息、红利所得；（七）财产租赁所得；（八）财产转让所得；（九）偶然所得。"

居民个人取得上述第（一）项至第（四）项所得称为综合所得，按纳税年度合并计算个人所得税。

非居民个人取得上述第（一）项至第（四）项所得称为分项所得，按月或按次分项计算个人所得税。

纳税人取得上述第（五）项至第（九）项所得，依照《个人所得税法》规定，分别计算个人所得税。

**综合所得税率和经营所得税率**

（1）综合所得税率，综合所得适用3%～45%的七级超额累进税率（见表14-1）。

表14-1 个人所得税税率（综合所得适用）

| 级数 | 全年应缴纳所得额 | 预扣率 | 速算扣除数 |
| --- | --- | --- | --- |
| 1 | 不超过36000元（含）的部分 | 3% | 0元 |
| 2 | 超过36000元至144000元（含）的部分 | 10% | 2520元 |
| 3 | 超过144000元至300000元（含）的部分 | 20% | 16920元 |
| 4 | 超过300000元至420000元（含）的部分 | 25% | 31920元 |
| 5 | 超过420000元至660000元（含）的部分 | 30% | 52920元 |
| 6 | 超过660000元至960000元（含）的部分 | 35% | 85920元 |
| 7 | 超过960000元的部分 | 45% | 181920元 |

注：①本表所称全年应纳税所得额是依照《个人所得税法》第六条的规定。

②居民个人取得综合所得以每一纳税年度的收入总额减除费用60000元以及专项扣除、专项附加扣除和依法确定的其他扣除后的余额,为全年应纳税所得额。

③非居民个人取得工资所得、薪金所得、劳务报酬所得、稿酬所得和特许权使用费所得,依照本表按月换算后,计算应纳税所得额。

(2)经营所得税率,经营所得适用5%～35%的五级超额累进税率(见表14-2)。

表14-2 个人所得税税率(经营所得适用)

| 级数 | 全年应缴纳所得额 | 预扣率 | 速算扣除数 |
|---|---|---|---|
| 1 | 不超过30000元(含)的部分 | 5% | 0元 |
| 2 | 超过30000元至90000元(含)的部分 | 10% | 1500元 |
| 3 | 超过90000元至300000元(含)的部分 | 20% | 10500元 |
| 4 | 超过300000元至500000元(含)的部分 | 30% | 40500元 |
| 5 | 超过500000元的部分 | 35% | 65500元 |

注:①本表所称全年应纳税额是依照《个人所得税法》第六条的规定。

②以每一纳税年度的收入总额减除成本、费用以及损失后的余额,为应纳税所得额。

**计税方法**

居民个人综合所得的应纳税所得额的公式如下:

应纳税所得额=工资薪金所得-60000元-专项扣除-专项附加扣除-其他扣除。

其中,专项扣除包括居民个人按照国家规定的范围和标准缴纳的基本养老保险、基本医疗保险、失业保险等社会保险费和住房公积金等;专项附加扣除包括子女教育、继续教育、大病医疗、住房贷款利息或住房租金、赡养老人等支出。

居民个人综合所得的应纳个人所得税额的公式如下:

应纳个人所得税额=应纳税所得额×税率间速算扣除数。

非居民的工资、薪金所得以每月收入额减除费用5000元后的余额,为应纳税所得额；劳务报酬所得、稿酬所得、特许权使用费所得，以每次收入额为应纳税所得额。

**预缴与汇算清缴**

居民个人取得综合所得，按年计算个人所得税；有扣缴义务人的，由扣缴义务人按月或按次预扣预缴税款；需要办理汇算清缴的，应当在取得所得的次年3月1日（含）至6月30日（含）内办理汇算清缴。

非居民个人取得工资所得、薪金所得、劳务报酬所得、稿酬所得和特许权使用费所得，有扣缴义务人的，由扣缴义务人按月或按次代扣代缴税款，不办理汇算清缴。

## 第二节　个人所得税稽查项目

随着个人所得税法持续深入，税务稽查部门对于自然人少缴、不缴个税的关注力度逐年加大，本节从实务出发，分析个人所得税稽查要点。

**公司章程**

公司章程是公司依法制定的、规定公司名称、住所、经营范围、经营管理制度等重大事项的基本文件，也是公司必备的规定公司组织及活动基本规则的书面文件。

公司章程是股东共同一致的意思表示，载明了公司组织和活动的基本准则，是公司的宪章。公司章程具有法定性、真实性、自治性和公开性的基本特征，是公司组织与行为的基本准则，与《公司法》共同肩负调整公司活动的责任。

公司章程除了必须载明的基本信息外，还必须包含验资证明、资金来源和股东姓名三项重要内容。

（1）验资证明。是会计师事务所或审计师事务所及其他具有验资资格的机构出具的证明资金真实性的文件。依照《公司法》规定，公司的注册资本必须经法定的验资机构出具验资证明。

（2）资金来源。企业、机关、事业单位或其他经营组织等所拥有的资金从一定渠道取得或形成的来源。为了反映和监督各项资金来源的增减变动和结余，要设置一系列资金来源账户，并将一定日期的资金来源账户的余额按规定项目列入资金平衡表的资金来源方。

（3）股东姓名。对股份公司债务负有有限或无限责任，并凭持有股票享受股息和红利的个人或单位。股东权力的大小，通常情况下取决于股东所掌握的股票种类和数量（如同股同权或同股不同权），特殊情况下也取决于相关协议的约定（如一致行动人协议、表决权委托协议等）。

**增资来源**

股份制企业用资本公积金转增股本不属于股息、红利性质的分配，对个人取得的转增股本数额，不作为个人所得，不征收个人所得税。

其中的"资本公积金"，是指股份制企业股票溢价发行收入所形成的资本公积金。将此转增股本由个人取得的数额，不作为应税所得征收个人所得税，而与此不相符合的其他资本公积金分配个人所得部分，应当依法征收个人所得税。

**个人所得税非应税项目**

包括以下几点：①按照国务院规定发放的政府津贴和国务院规定免税的补贴、津贴；②按照国家统一规定发给干部、职工的安家费、退职费、退休工资、离休工资、离休生活补助费；③企业和个人按照国家或者地方政府规定的比例缴付的住房公积金、基本医疗保险费、基本养老保险费、失业保险费；④个人与用人单位因解除劳动关系而取得的一次性经济补偿收入，相当于当地上年职工平均工资3倍数额以内的部分；⑤集体所有制企业改为股份合作制企业时，职工个人以股份形式取得的拥有所有权的企业量化资产；⑥福利费、抚恤金、救济金；⑦据实报销的通信费用（各省规定的标准不同）；⑧差旅费津贴、误餐补贴等；⑨铺产企业的安置费收入；⑩个人按照规定办理代扣代缴税款手续取得的手续费；⑪独生子女补贴；⑫托儿补助费。

**股东个人消费性支出和借款**

企业的个人投资者以企业资金为本人、家庭成员及其相关人员支付与企业生产经营无关的消费性支出，以及购买汽车、住房等财产性支出，视为企业对个人投资者的红利分配，依照"利息、股息、红利所得"项目计征个人所得税，且这些支出不允许在企业所得税前扣除。

纳税年度内个人投资者从其投资企业借款，在该纳税年度终了后既不归还，又未用于企业生产经营的，其未归还的借款可视为企业对个人投资者的红利分配，依照"利息、股息、红利所得"项目计征个人所得税。

## 第三节　个人所得税的涉税风险

个人所得税的征收涉及个人的各种收入，如工资、劳务报酬、稿费、股息红利等。在缴纳个人所得税的过程中，存在一些涉税风险，本节将介绍一些常见的个人所得税涉税风险。

**个人取得的福利费是否用纳税**

根据《个人所得税法实施条例》的规定，免税的福利费是指根据国家有关规定,从企业、事业单位、国家机关、社会团体提留的福利费或者工会经费中支付给个人的生活补助费。

对于生活补助费的规定,以《国家税务总局关于生活补助费范围确定问题的通知》所规定的为准,即由于某些特定事件或原因而给纳税人本人或其家庭的正常生活造成一定困难,其任职单位按国家规定从提留的福利费或工会经费中,向其(纳税人本人)支付的临时性生活困难补助。

通过上述规定可知,并非所有的福利费都能免税,只有符合国家相关规定的生活补助费才能免税。那么,对于生活补助费发放的数额是否有上限规定?对于生活补助费发放的时间是否也有规定?

关于生活补助费的数额标准和期限标准,在相关政策中没有明确规定。但是,企业在实际操作中也必须注意,必须结合当地的经济发展状况及具体人员的具体情况,在合理的范围内实施。否则,那些有悖于生活常规的困难补助一定会被税务机关稽查,而且也一定不是免税的。

**个人股权转让过程中的涉税风险**

某公司 2021 年 6 月 30 日净资产 2000 万元,其中实收资本 500 万元。为了扩大经营实力,公司决定吸收 D 为股东,股东 A 决定将其持有的 10% 的股权(原值 50 万元)平价转让给 D(A 和 D 没有血缘关系,D 也不是该公司现有员工),另外两名股东 B 和 C 对此无异议。该公司账面没有无形资产、长期股权投资和不动产。那么,该公司的此次股权转让有税务风险吗?

根据《国家税务总局关于发布〈股权转让所得个人所得税管理办法(试行)〉的公告》第十三条:"符合下列条件之一的股权转让收入明显偏低,视为有正当理由:(一)能出具有效文件,证明被投资企业因国家政策调整,生产经营受到重大影响,导致低价转让股权;(二)继承或将股权转让给其能提供具有法律效力身份关系证明的配偶、父母、子女、祖父母、外祖父母、孙子女、外孙子女、兄弟姐妹以及对转让人承担直接抚养或者赡养义务的抚养人或者赡养人；（三）相关法律、政府文件或企业章程规定，并有相关资料充分证明转让价格合理且真实的本企业员工持有的不能对外转让股权的内部转让；（四）股权转让双方能够提供有效证据证明其合理性的其他合理情形。"

本案例中，A 与 D 之间的股权转让不符合上述规定的四种情况，属于转让价格明显偏低的情形，税务机关不会认可，且会按照净资产核定法、类比法和其他合理方法核定股权转让收入。

通常净资产核定法是最常用的方法。本案例中，A 平价将 10% 的股权转让给 D，税务机关不会认可该转让价格，按净资产核定 A 的股权转让价格后，A 应交纳的个人所得税 =（2000 万元 -500 万元）× 10% × 20% = 30 万元。

**股东或员工从公司借款的涉税风险**

公司从企业借款，在上市企业内因为监管十分严格，控制得比较好。但在非上市企业内，因为缺少第三方监管，往往存在一些长期的、严重的涉税问题。不仅影响企业内部管理，也会对企业的长期经营发展产生不良作用。

因此，为了规范股东从企业借款的问题，财政部和国家税务总局于 2003 年联合发布《财政部　国家税务总局关于规范个人投资者个人所得税征收管理的通知》，其中规定，纳税年度内个人投资者从其投资的企业（个人独资企业、合伙企业除外）借款，在该纳税年度终了后既不归还，又未用于企业生产经营的，其未归还的借款可视为企业对个人投资者的红利分配，依照"利息、股息、红利所得"项目计征个人所得税。

企业在实际操作中,对于上述规定的理解需把握两个重点:

(1)股东从企业借款用于生产经营,政策没有规定还款期限,也不需在预期情况下交纳个人所得税。

(2)股东必须出示足以证明其借款是用于生产经营的证据,如差旅支出、谈判证明、业务合同原件、购货清单等。但这些证明是否一定会被税务机关认可,目前在政策上并未有统一的界定标准。

**从合伙企业分回的股息是否可享受免税优惠**

按照《财政部　国家税务总局　证监会关于上市公司股息红利差别化个人所得税政策有关问题的通知》的规定,个人从公开发行和转让市场取得的上市公司或挂牌公司的股票,持股期限超过一年的,股息红利所得暂免征个人所得税。

当被激励对象以个人名义作为上市公司或挂牌公司的股东,且持股期超过一年时,其从上市公司或挂牌公司取得的股息红利无须交纳个人所得税。

当被激励对象是通过合伙企业持有上市公司或挂牌公司的股票,持股期限超过一年,合伙企业取得上市公司或挂牌公司分配的股息红利,被激励对象能否享受免税优惠?

我们在《国家税务总局关于〈关于个人独资企业和合伙企业投资者征收个人所得税的规定〉执行口径的通知》中找到了答案,可以分为两个方面解读:①个人独资企业和合伙企业对外投资分回的利息或股息、红利,不并入企业的收入,而应单独作为投资者个人取得的利息、股息、红利所得,按"利息、股息、红利所得"应税项目计算交纳个人所得税;②以合伙企业名义对外投资分回利息、股息、红利的,应按规定确定各个投资者的利息、股息、红利所得,分别按"利息、股息、红利所得"应税项目计算交纳个人所得税。

## 第四节　个人所得税的纳税筹划

随着我国经济的发展以及税收法规的不断完善，税收监管工作愈加严谨，民众纳税意识逐步增强，传统的纳税筹划方法大部分已经失去作用，且一旦运用难免会给企业带来税务风险。本节我们将个人所得税最受关注的四点提取出来，结合最新的税收法律、法规和政策，进行纳税筹划。

**个人取得分红的纳税筹划**

个人投资者收到的股息、红利，应按照《个人所得税法》的规定，依照"利息、股息、红利所得"项目，以每次收入额为应纳税所得额，按20%的税率缴纳个人所得税。

某上市公司计划于2023年6月给股东分红，目前发行在外的普通股为5000万股，股东中80%为散户，且持股时间平均在1个月~1年。考虑到中小股东的利益，董事会需要在以下三个方案中做选择：

方案1，采用现金分红的形式，每10股分5元。

方案2，用公司的未分配利润送红股，每10股送1股。

方案3，用资本公积转增股本，每10股抓增1股。

上述三个方案分别对应规定，具体内容如下。

方案1对应的规定，个人从公开发行和转让市场取得的上市公司股票，持股期限在1个月以内（含）的，其股息、红利所得全额计入应纳税所得额；持股期限在1个月~1年（含）的，暂减按50%计入应纳税所得额。

方案2对应的规定，股份制企业在分配股息、红利时，以股票形式向股东个人支付应得的股息、红利（即派发红股），应以派发红股的股票票面金额为收入额，按"利息、股息、红利所得"项目计征个人所得税。我国上市公司股票面额为1元。

方案3对应的规定，股份制企业用资本公积金转总股本，不属于股息、红利性质的分配，对个人取得的转总股本数额，不作为个人所得，不征收个人所得税。

方案1，

散户收到的现金分红总额 = 5000万元 × 80% × (5÷10) = 2000万元。

散户应纳税所得额 = 2000万元 × 50% = 1000万元。

散户现金分红应纳个人所得税总额 = 1000万元 × 20% = 200万元。

方案2，

散户收到的红股总数 = 5000万元 × 80% × (1÷10) = 400万股。

散户应纳税所得额 = 400万股 × 1元 × 50% = 200万元。

散户应纳个人所得税总额 = 200万元 × 20% = 40万元。

方案3，

因"资本公积转增股本"不属于"利息、股息、红利所得"，不交纳个人所得税。

综合上述三种方案可知，方案2无须交纳个人所得税，对于个人投资者应该是最有利的选择。

**个人薪资所得的纳税筹划**

个人股东在企业任职会领取一定的工资、补贴等。由于个人股东同时也是企业的投资者，还可以从企业的净利润中分取一定红利。

A是自己创立的公司的CEO，占据60%的股权。2022年，A在公司共计领取税前工资100万元，其每个月的社保、公积金等专项扣除为5000元，专项附加扣除为4000元（为住房贷款本利），无其他收入。那么，A是否应该进行个人所得税的纳税筹划呢？

A在纳税筹划前，100万元全部作为工资领取。

根据《个人所得税法》规定，A的100万元年薪应并入综合所得，需进行交纳个人所得税。

A全年应纳税所得额＝100万元－60000元－12个月×5000元－12个月×4000元＝83.2万元。

根据"个人所得税税率（综合所得适用）"可知，A的全年应纳税所得额适用35%的个人所得税税率，速算扣除为85920元。

A全年应纳个人所得税＝83.2万元×35%－85920元＝20.528万元。

A在纳税筹划后，50万元为工资领取，50万元为公司分红领取。

同理，A的50万元年薪并入综合所得，需进行交纳个人所得税。

A全年工资应纳税所得额＝50万元－60000元－12个月×5000元－12个月×4000元＝33.2万元。

根据"个人所得税税率（综合所得适用）"可知，A的全年工资应纳税所得额适用25%的个人所得税税率，速算扣除为31920元。

A全年工资应纳个人所得税＝33.2万元×25%－31920元＝5.108万元。

A全年分红应纳个人所得税＝50万元×20%＝10万元。

A全年应纳个人所得税＝5.108万元＋10万元＝15.108万元。

通过对个人所得税的纳税筹划后，A全年可少交纳个人所得税5.42万元（20.528万元－15.108万元）。

**利用创投企业的纳税筹划**

在《关于创业投资企业和天使投资个人有关税收政策的通知》中，对

创投企业的税收优惠做了如下规定:

(1)公司制创业投资企业采取股权投资方式直接投资于种子期、初创期科技型企业满2年,可以按照投资额的70%在股权持有满2年的当年抵扣该公司制创业投资企业的应纳税所得额;当年不足抵扣的,可以在以后纳税年度结转抵扣。

(2)有限合伙制创业投资企业采取股权投资方式直接投资于种子期、初创期科技型企业满2年的,该合伙创投企业的合伙人分别以两种方式处理:①法人合伙人可以按照对种子期、初创期科技型企业投资额的70%抵扣法人合伙人从合伙创投企业分得的所得;当年不足抵扣的,可以在以后纳税年度结转抵扣;②个人合伙人可以按照对种子期、初创期科技型企业投资额的70%抵扣个人合伙人从合伙创投企业分得的经营所得;当年不足抵扣的,可以在以后纳税年度结转抵扣。

在《关于创业投资企业个人合伙人所得税政策问题的通知》中,对个人合伙人的个人所得税核算方式做了如下规定:

(1)创投企业选择按单一投资基金核算的,其个人合伙人从该基金应分得的股权转让所得和股息、红利所得,按照20%税率计算交纳个人所得税。

(2)创投企业选择按年度所得整体核算的,其个人合伙人应从创投企业取得的所得,按照"经营所得"项目5%~35%的超额累进税率计算交纳个人所得税。

创业投资基金A专注医疗科技行业的初创企业风险投资,该基金有5位管理合伙人,实行有限合伙制。2019年,该基金募集资金规模1亿元,投资了五个创业项目,投资额共计4000万元。投资期满两年后,该基金在2021年实现利润总额6000万元,5位合伙人达成经营成果平均分配的协议。那么,该基金应如何进行个人所得税的纳税筹划?

个人合伙人可以按照转让股权所得和经营所得两种方式交纳个人所得税。

方案1，按照股权转让所得交纳个人所得税。

应纳税所得额＝6000万元－4000万元×70%＝3200万元。

应纳个人所得税总额＝3200万元×20%＝640万元。

每位合伙人净所得＝（6000万元－640万元）÷5＝1027万元。

方案2，按照经营所得交纳个人所得税。

按照"先分后税"的原则，根据"个人所得税税率（经营所得适用）"可知，适用35%的个人所得税税率，速算扣除为65500元。

每位合伙人应纳税所得额＝（6000万元－4000万元×70%）÷5＝640万元。

每位合伙人应纳个人所得税额＝640万元×35%－6.55万元＝217.45万元。

每位合伙人净所得＝6000万元÷5－217.45万元＝982.55万元。

通过上述两种方案的对比可知，合伙人选择按股权转让所得的方式可以多获利44.45万元（1027万元－982.55万元）。

**选择恰当股票交易时机的纳税筹划**

《财政部　国家税务总局　证监会关于上市公司股息红利差别化个人所得税政策有关问题的通知》中，对个人股息、红利的个人所得税征税标准进行了规定：

（1）个人从公开发行和转让市场取得的上市公司股票，持股期限超过1年的，股息、红利所得暂免征收个人所得税。

（2）个人从公开发行和转让市场取得的上市公司股票，持股期限在1个月以内（含）的，其股息、红利所得全额计入应纳税所得额。

（3）持股期限在1个月（含）~1年（含）的，暂减按50%计入应纳税所得额。

（4）上述（1）（2）（3）所得，统一适用20%的税率计征个人所得税。

2022年4月1日，A购买了1万股某上市公司的股票，价值30万元。按照惯例，该上市公司每年4月中旬分红，每股股票分红约0.3元。2022年4月25日、2023年5月1日，A都有机会出售股票。那么，A选择哪个时机出售股票可以少缴个人所得税呢？

方案1，2022年4月1日购入，2022年4月25日出售。

可以赶上购买股票当年4月中旬的那次分红，但持有期限不足1个月，股息、红利所得应全额计入应纳税所得额。

A的股息、红利应纳个人所得税 = 1万股 × 0.3元 × 20% = 600元

出售股票的差价即资本得利，暂免征收个人所得税，则A应纳个人所得税合计600元。

方案2，2022年4月1日购入，2023年5月1日出售。

可以赶上购买股票当年4月中旬和次年4月中旬的两次分红，且持有期限超过1年，股息、红利所得暂免征收个人所得税。

出售股票的差价即资本得利，暂免征收个人所得税，则A应纳个人所得税为0元。

# 第十五章　其他税种与业务经营的纳税筹划

## 第一节　其他税种纳税筹划

企业经营过程中,不仅涉及增值税、企业所得税和个人所得税,还会因为经营的关联涉及其他很多税种,虽然不能一一解读,但有必要将其中关键的税种筹划进行详解。

**契税的纳税筹划**

契税是我国境内转移土地和房屋权属时,由产权承受人缴纳的一种税。土地权属是指土地使用权;房屋权属是指房屋所有权。

契税实行3%～5%的比例税率,各省、自治区、直辖市可在该税率区间内根据本地区的实际情况决定。

契税应纳税额的公式如下:

应纳税额=计税依据 × 税率。

A在某市郊区有一套90平方米住房,市价为180万元。B在同一市中心区域有一套70平方米住房,市价为210万元。A因工作原因想要在市中心买套房,B因退休休养原因想要在郊区买套房。两人经过C引荐认识后,决定购买相互的房子。按照契税的优惠政策,购买家庭唯一住房并且面积为90平方米及以下的,适用契税税率为1%。那么,两人如何进行纳税筹划,以节约税款呢？

建议双方按照市场价进行房屋交换，差价 30 万元由 A 一次性补足。

双方在契税筹划前，

A 全资购买 B 的房屋应缴纳的契税 = 210 万元 × 1% = 2.1 万元。

B 全资购买 A 的房屋应缴纳的契税 = 180 万元 × 1% = 1.8 万元。

双方在契税筹划后，

A 应缴纳契税 = 30 万元 × 1% = 0.3 万元。

B 不需要缴纳契税。

通过上述计算可知，A 和 B 交换房屋比相互买房合计节省契税 3.6 万元（2.1 万元 +1.8 万元 –0.3 万元），两人各节约契税 1.8 万元。

**印花税的纳税筹划**

印花税是对经济活动和经济交往中书立、领受具有法律效力的凭证的行为所征收的一种税。印花税的应税凭证包括合同、产权转移书据、营业账簿以及权利、许可证照，此外还有证券交易（见表 15-1）。

表 15-1　印花税的税目税率

| | 税目 | 税率 | 备注 |
|---|---|---|---|
| 合同 | 买卖合同 | 支付价款的3‰ | 动产买卖合同 |
| | 借款合同 | 借款金额的0.5‰ | 银行金融机构和借款人（不包括银行同业拆借）订立的借款合同 |
| | 融资租赁合同 | 租金的0.5‰ | |
| | 租赁合同 | 租金的1‰ | |
| | 加工承揽合同 | 报酬的3‰ | |
| | 建筑工程合同 | 价款的3‰ | |
| | 货物运输合同 | 运输费的5‰ | 货运合同和多式联运合同（不含管道运输合同） |
| | 技术合同 | 价款/报酬/使用费的3‰ | |
| | 保管合同 | 保管费的1‰ | |

续表

| | 税目 | 税率 | 备注 |
|---|---|---|---|
| 合同 | 仓储合同 | 仓储费的1‰ | |
| | 财产保险合同 | 保险费的1‰ | 不包括再保险合同 |
| 产权转移书据 | 土地使用权出让和转让数据 | 支付价款的5‰ | |
| | 建筑物、构筑物所有权 | | |
| | 股权（不包括上市公司和挂牌公司股票） | | |
| | 商标专用权 | | |
| | 著作权 | | |
| | 专利权 | | |
| | 专有技术使用权转让书据 | | |
| 营业账簿 | | 实收资本/股本、资本公积合计金额的2.5‰ | |
| 权利、许可证照 | 不动产权证书 | 每件五元 | |
| | 营业执照 | | |
| | 商标注册证 | | |
| | 专利证书 | | |
| 证券交易 | | 成交金额的1‰ | 只对证券交易出让方征收 |

印花税根据应税证照或者凭证的性质，分别按照比例税率或者定额税率计算应纳税额。

按比例税率计税的公式如下：

合同应纳税额＝价款或报酬 × 适用税率。

产权转移书据应纳税额＝价款 × 适用税率。

营业账簿应纳税额＝（实收资本金额＋资本公积金额）× 适用税率。

证券交易应纳税额＝成交金额 × 适用税率。

按定额税率计税的公式如下：

权利、许可证照应纳税额＝证照件数 × 适用税率。

A 公司主营国际货运业务，在 2023 年 3 月承接了一家大型化工企业的产品运输业务。双方签订的合同规定，A 公司提供出口运输服务和产品等待报关期间的保管服务，金额共计 50 万元。那么，A 公司要怎样进行纳税筹划才能少缴印花税呢？

根据表 15-1 中列举的税目、税率可知，货物运输合同适用 5‰ 的税率，货物保管合同适用 1‰ 的税率。合同中未分别列明两项业务的价款，应从高适用 1‰ 的税率。因此，纳税筹划应在合同中分别写明两项业务的金额（运输费 45 万元，保管费 5 万元），则货物运输部分可以按 5‰ 的税率计税。

A 公司在纳税筹划前，

A 公司应缴纳的印花税＝ 50 万元 × 1‰ ＝ 500 元。

A 公司在纳税筹划后，

A 公司应缴纳的印花税＝ 45 万元 × 5‰ + 5 万元 × 1‰ ＝ 275 元。

通过上述计算可以得出，A 公司经过纳税筹划后，印花税节约了 225 元（500 元 –275 元）。

**房产税的纳税筹划**

房产税是以城市、县城、建制镇和工矿区内的房屋为征税对象，依据房屋价格或租金收入向房屋产权所有人征收的一种税。农村房屋不缴纳房产税。个人非营业性住房免征房产税。

按照房产计税价值计征的，为从价计征；按照房产租金收入计征的，为从租计征。

从价计征的公式如下：

应纳房产税＝房屋原值 ×（1– 扣除率）× 1.2%。

其中，扣除率从 10% ~ 30% 不等。

从租计征的公式如下：

应纳房产税＝房屋租金 ×12%。

A 公司拥有一处闲置库房，市值 1000 万元。B 公司拟承租该库房，双方商定年租金为 100 万元。A 公司所在地区房产税从价计征扣除比例为 30%。那么，A 公司应如何进行纳税筹划比较有利呢？

建议将出租业务转换为仓储业务，即双方将库房租赁改为仓储保管，由 A 公司代为保管 B 公司原准备承租库房所存放的货物，B 公司支付仓储费。

在纳税筹划前，A 公司从租计征房产税。

A 公司出租库房每年应纳房产税＝ 100 万元 ×12% ＝ 12 万元。

在纳税筹划后，A 公司从价计征房产税。

A 公司仓储业务每年应纳房产税＝ 1000 万元 ×（1–30%）×1.2% ＝ 8.4 万元。

通过上述计算可知，A 公司通过转换经营模式进行纳税筹划后，节约房产税 3.6 万元（12 万元 –8.4 万元）。

**土地增值税的纳税筹划**

土地增值税是对在我国境内转让国有土地使用权、地上建筑物及其附着物的单位和个人，以其转让房地产所取得的增值额为课税对象而征收的一种税。其中，国有土地使用权出让、房地产的继承与赠与、房地产出租，这三种情况不属于土地增值税的征税范围。

土地增值税针对转让土地、土地上建筑物的增值额纳税的计算公式如下：

增值额＝收入额 – 扣除项目金额。

扣除项目金额＝取得土地使用权支付的金额＋房地产开发成本＋房地

产开发费用＋税金＋旧房及建筑物的评估价＋其他扣除项目。

土地增值税实行四级超率累进税率（见表15-2）。

表15-2　土地增值税税率

| 级数 | 增值额与扣除项目金额的比率 | 预扣率 | 速算扣除系数 |
| --- | --- | --- | --- |
| 1 | 不超过50%的（含）部分 | 30% | 0 |
| 2 | 超过50%至100%（含）的部分 | 40% | 5% |
| 3 | 超过100%至200%（含）的部分 | 50% | 15% |
| 4 | 超过200%的部分 | 60% | 35% |

注：土地增值率小于20%免征土地增值税。

土地增值税应纳税额的计算公式如下：

应纳税额＝∑（每级距的土地增值额×适用税率）。

土地增值税的计算公式如下（速算扣除法）：

土地增值税＝增值额×税率－扣除项目金额×速算扣除数。

某房地产公司开发一片住宅区，在制定销售价格时有两种可选方案：11800元/㎡和12200元/㎡。两种方案在计算土地增值税时，可扣除项目金额均为10000元/㎡。那么，该公司应选哪种方案可以少缴税款呢？

方案1，售价11800元/㎡。

增值率＝（11800元－10000元）÷10000＝0.18（18%）。

因增值率小于20%，免缴土地增值税。

每平方米税后净收益＝11800元－10000元＝1800元。

方案2，售价12200元/㎡。

增值率＝（12200元－10000元）÷10000＝0.22（22%）。

因增值率大于20%，需缴纳土地增值税；因增值率在50%以下，土地增值税税率为30%，速算扣除数为0。

土地增值税＝（12200元－10000元）×30%＝660元。

每平方米税收净收益＝12200元－10000元－660元＝1540元。

通过上述计算可知，方案1虽然每平方米售价低于方案2，但每平方米的税后净收益却高出260元（1800元－1540元），因此该企业应选择方案1销售。

**城镇土地使用税的纳税筹划**

城镇土地使用税是对在城市、县城、建制镇和工矿区内拥有土地使用权的单位和个人征收的一种税。

城镇土地使用税实行按年计算、分期缴纳的计征办法。城镇土地使用税采用定额税率，即采用有幅度的差别税额（见表15-3）。

表15-3 城镇土地使用税税率

| 级别 | 每平方米税额（元） |
| --- | --- |
| 大城市（人口在50万以上） | 1.5～30 |
| 中等城市（人口在20万～50万之间） | 1.2～24 |
| 小城市（人口在20万以下） | 0.9～18 |
| 县城、建制镇、工矿区 | 0.6～12 |

城镇土地使用税应纳税额的公式如下：

全年应纳税额＝实际占用土地面积（㎡）× 适用税率。

某食品加工厂目前占地6000平方米，因业务扩张需要新征用4000平方米土地。厂区现在位置地处于市区范围，可供选择的方案有两个，一是在现有厂址基础上扩建4000平方米；二是到郊区偏远地区征用4000平方米土地建新厂区。现执行的城镇土地使用税税率为12元／㎡。那么，各企业应如何规划厂区的建设呢？

方案1，在现有厂址基础上扩建。

征用土地后每年缴纳城镇土地使用税＝（6000㎡＋4000㎡）×12元／㎡＝12万元。

方案2，在郊区征用土地建新厂区。

征用土地后每年缴纳城镇土地使用税 = 6000 ㎡ × 12 元 / ㎡ = 7.2 万元。

通过上述计算可知，该企业选择在郊区建新厂区，每年可以节省城镇土地使用税 4.8 万元（12 万元 –7.2 万元）。

## 第二节　企业生产经营的纳税筹划

企业生产经营的纳税筹划在减轻税收负担、获取资金时间价值、追求经济效益最大化和实现涉税零风险等方面具有重要意义。

**存货计价的纳税筹划**

存货是指企业在生产经营过程中为销售或耗用而储存的各种资产，包括各库存材料、库存设备、低值易耗品、开发产品和分期收款发出产品等。

由于存货常处于不断销售重置和（或）耗用重置中，流动性强，容易造成或被人为利用虚列存货 / 虚减存货，将对企业资产、损益真实性和应纳税额计算造成影响。

存货纳税筹划的重点是在符合税法规定范围内，使其成本最大化，从而达到节税的目的。

各种存货应以取得时的实际成本计价。存货计价方法一经确定，不得随意改变，如确需改变的，应在下一纳税年度开始前报主管税务机关批准。

企业在不同时间、不同地点、不同对象处购入的存货价格不同，不同批次或不同期间制造的存货制造费用也不同，企业必须对被销售和（或）被耗用的存货按一定的方法进行计价。具体包括先进先出法、加权平均法、移动平均法、个别计价法四种方法。

（1）先进先出法。假定按最早购入或自制的存货价格作为发出成本的一种方法，即依照"先入库的存货先发出"确定成本流转顺序。因此，要求在计算存货成本时，必须按照入库时间的先后顺序来处理。具体计算公式如下。

总成本＝（单位数量 × 单位价格）+（单位数量 × 单位价格）+……

（2）加权平均法。存货按实际成本进行明细分类核算时，以本期各批收货数量和期初数量为权数计算存货的平均单位成本的一种方法。具体计算公式如下。

存货的加权平均单位成本＝（期初结存金额＋∑本期各批收货的实际单位成本 × 本期各批收货的数量）÷（期初结存数量＋∑本期各批收货数量）。

发出存货的成本＝加权平均单位成本 × 本期发出存货的数量。

期末存货的成本＝加权平均单位成本 × 期末结存存货的数量。

（3）移动平均法。在每次收到存货后，立即根据存货数量和总成本，计算出新的平均单位成本的一种方法。具体计算公式如下。

存货的移动平均单位成本＝本次收入之前结存存货的总成本 × 本次收入存货实际成本 ÷（本次收入之前存货数量＋本次收入存货的数量）。

发出存货的成本＝移动平均单位成本 × 本次发出存货的数量。

期末存货的成本＝移动平均单位成本 × 期末结存存货的数量。

（4）个别计价法。也称为分批实际法或个别认定法，是对发出的存货分别认定其单位成本和发出存货成本的一种方法。期末存货的各种项目，分别确定每种物品的单位成本和总成本，然后相加各种存货的成本，即为存货期末全部成本。具体计算公式如下。

发出存货的实际成本＝∑各批（次）存货发出数量 × 该批次存货实际进货单价。

**折旧计算的纳税筹划**

折旧计算主要用在企业的固定资产上，因为固定资产是企业资产的重要组成部分，且固定资产会随着不断使用或时间流逝而造成价值持续降低，因此若对固定资产的纳税筹划得当，可以降低企业的税收负担。

相关税法和政策赋予了企业在固定资产折旧方法上有条件地选择直线法或加速法的权利，企业可根据实际情况选择。

（1）直线法。也称为平均年限法，是将固定资产的折旧额均衡地分摊到各期的一种方法，即每期折旧额是等额的。具体计算公式如下。

年折旧率＝（1+预计净利残值率）÷预计使用年限×100%。

月折旧率＝年折旧率÷12。

月折旧额＝固定资产原价×月折旧率。

上述折旧率是按个别固定资产单独计算的，即某项固定资产在一定期间的折旧额与该固定资产原价的比率。通常，企业会将固定资产划分类别，按类折旧计算折旧率，公式如下：

某类固定资产年折旧额＝（某类固定资产原值－预计残值+清理费用）÷该类固定资产的使用年限。

某类固定资产月折旧额＝某类固定资产年折旧额÷12。

某类固定资产年折旧率＝该类固定资产年折旧额/该类固定资产原价×100%。

（2）加速法。也称为快速折旧法或递减折旧法，特点是在固定资产有效使用年限的前期多提折旧，后期少提折旧，从而相对加快折旧的速度，以使固定资产成本在有效使用年限中加快得到补偿。

①双倍余额递减法。是在不考虑固定资产残值的情况下，根据每一期期初固定资产账面净值和双倍直线法折旧额计算固定资产折旧的一种方法。

具体计算公式如下。

年折旧率＝2÷预计折旧年限×100%。

月折旧率＝年折旧率÷12。

月折旧额＝固定资产账面净值×月折旧率。

②年数总和法。也称为合计年限法，是将固定资产的原值减去净残值后的净额和以一个逐年递减的分数计算每年折旧额的一种方法。具体计算公式如下（年折旧率为两个公式）。

年折旧率＝尚可使用年限÷预计使用年限折数总和。

年折旧率＝（预计使用年限－已使用年限）÷{预计使用年限×（预计使用年限＋1）÷2}×100%。

月折旧率＝年折旧率÷12。

月折旧额＝（固定资产原值－预计净残值）×月折旧率。

**费用分摊的纳税筹划**

许多企业的业务招待费、广告宣传费、职工福利费、利息支出费等项目经常发生超过税法扣除标准的现象，导致不能在企业所得税前扣除，加重了企业税负。对此，企业除了要本着厉行节约的原则，还要考虑通过费用分摊纳税筹划，达到减少税负的目的。

在进行费用分摊纳税筹划时，除了要弄清各种费用包含的具体内容外，还应坚持两个思路与解决两个问题，具体如下。

思路（1），将各种合理的费用较大限度地摊入成本。

思路（2），及时或尽早地将费用摊入成本费用总额。

问题（1），如何实现费用的最低支付？

问题（2），如何实现较大摊入？

《企业所得税法》对若干扣除项目，如招待费、广告费、福利费、利息支出等方面都有具体的规定。对限额扣除项目的筹划应从以下几方面考虑：

（1）本着厉行节约的原则减少开支。企业每年发生的各项费用应事先做好预算，除了考虑生产、经营的必需开支外，还要兼顾税前扣除额的限制。

（2）将会务费、差旅费等项目与业务招待费等严格区分。业务招待费在所得税前是按比例计算扣除的，而与企业经营活动有关的合理的会务费、差旅费等，只要能够提供证明其真实性的合法凭证，均可获得全额扣除，不受比例的限制。

（3）毋须区分广告费和业务宣传费，但应注意税前扣除条件。企业每一纳税年度的广告费和业务宣传费支出不超过销售（营业）收入15%的，可据实扣除，超过部分可无限期向以后纳税年度结转。允许税前扣除的广告费支出必须符合的条件有：①广告是通过工商部门批准的专门机构制作的；②已实际支付费用，并已取得相应发票；③通过一定的媒体传播。

（4）通过设立销售公司等分支机构分摊费用。招待费、广告费（宣传费）均是以营业收入为依据计算扣除标准的，如果将总公司的销售部门设立成一个独立核算的销售公司（B），将总公司生产的产品首先销售给销售公司（B），再由销售公司（B）对外销售，如此就增加了一项营业收入，不仅企业的利润总额未改变，费用扣除的"限制"也将不存在。

**坏账准备处理的纳税筹划**

《企业会计准则》规定：有客观证据表明应收款项发生了减值的，确认减值损失，计提坏账准备。坏账准备计提后，可以回转。即纳税人按财政部的规定提取的坏账准备和商品削价准备金，准予在计算应纳税所得额时扣除。

具体做法是，企业发生的坏账损失，可按月预提坏账准备金，于年度终了再按年末应收账款余额的3‰~5‰清算，计入当期费用。不建立坏账准备金的企业，发生的坏账损失，经主管税务机关核定后，按当期实际发生数扣除。

企业当年发生的坏账损失，超过上一年计提的坏账准备金部分，计入当期费用；少于上一年计提的坏账准备金部分和收回已核销的坏账时，冲减当期费用。坏账准备金的提取比例，由企业根据预计出现的坏账情况在规定的范围内自定。

例如，某公司2017年3月销售产品10000件，单价200元，2019年年底货款尚未收到，确认为坏账。

该公司在纳税筹划前，采用直接转销法做了处理。

2017年发生应收账款：

借：应收账款2000000（元）；

贷：销售收入2000000（元）。

2019年确认为无法收回的坏账：

借：管理费用2000000（元）；

贷：应收账款2000000（元）。

该公司在纳税筹划后，采用应收账款余额百分比法（提取坏账准备率为3‰）处理。

2017年发生应收账款：

借：管理费用6000（元）；

贷：坏账准备6000（元）。

2019年确定为无法收回的坏账：

借："坏账准备2000000（元）；

贷：应收账款2000000（元）。

由以上会计分录可以看出，采用应收账款余额百分比法可以增加当期扣除项目，降低当期应纳税所得额。

虽然两种方法计算的应交纳所得税数额是一致的，但应收账款余额百分比法将应纳税款滞后，等于享受到国家一笔无息贷款，增加了企业的流动资金。具体计算方法如下。

2000000 元 ×33% = 660000 元。

（2000000 元 -6000 元）×33% = 658020 元。

660000 元 -658020 = 1980 元。

通过上述计算可以得出，仅这一笔坏账准备处理的纳税筹划，就为企业节税 1980 元。

## 第三节 企业融资的纳税筹划

在资金筹集阶段，企业通过不同的融资方式得到的筹划效果各不相同，相应的资金成本、融资收益和税收负担也高低不等。

**借款融资的纳税筹划**

《企业所得税法》第四十六条："企业从其关联方接受的债权性投资与权益性投资的比例超过规定标准而发生的利息支出，不得在计算应纳税所得额时扣除。"

《企业所得税法实施条例》第三十八条："企业在生产经营活动中发生的下列利息支出，准予扣除：（一）非金融企业向金融企业借款的利息支出、金融企业的各项存款利息支出和同业拆借利息支出、企业经批准发行债券的利息支出；（二）非金融企业向非金融企业借款的利息支出，不超过按照金融企业同期同类贷款利率计算的数额的部分。"

《关于企业关联方利息支出税前扣除标准有关税收政策问题的通知》中规定：企业实际支付给关联方的利息支出，若企业按照税法及其实施条例的有关规定提供相关资料，并证明相关交易活动符合独立交易原则的，或者企业的实际税负不高于境内关联方的，其接受关联方债权性投资与其权益性投资比例做如下划分：

（1）金融企业为5∶1。

（2）其他企业为2∶1。

《关于企业向自然人借款的利息支出企业所得税税前扣除问题的通知》中规定：企业向除股东或其他与企业有关联关系的自然人以外的内部职工或其他人员借款的利息支出，借款情况同时符合以下条件的，其利息支出在不超过按照金融企业同期同类贷款利率计算的数额的部分，准予扣除。

（1）企业与个人之间的借贷是真实、合法、有效的，且不具有非法集资目的或其他违反法律、法规的行为；

（2）企业与个人之间签订了借款合同。

A公司因拓展生产线，需要1 000万元流动资金，在不能继续向银行贷款的情况下，公司财务主管提出了三种融资方案：

方案1，向其他企业贷款，利率为7%，需提供担保。

方案2，向社会上的个人贷款，利率为8%，无须提供担保。

方案3，向本公司500名员工融资，利率10%，其中4%的部分以利息方式支付，6%的部分以员工报销交通费用的方式支付。

那么，A公司采用哪种方案可以降低税负呢？

方案1，

当年允许扣除的利息费用＝1 000万元×4%＝40万元。

当年调增的应纳税所得额＝1 000万元×3%＝30万元。

当年调增的税额＝30万元×25%＝7.5万元。

方案2，

当年允许扣除的利息费用＝1000万元×4%＝40万元。

当年调增的应纳税所得额＝1000万元×4%＝40万元。

当年调增的税额＝40万元×25%＝10万元。

方案3，

当年允许扣除的利息费用＝1000万元×4%＝40万元。

当年调增的应纳税所得额＝1000万元×6%＝60万元。

当年调增的税额＝0。

由上述分析可知，A公司通过企业所得税纳税筹划的角度进行计算后，应该选择第3种融资方案。

**债券融资的纳税筹划**

企业发行债券的形式有以下三种：

（1）溢价发行。债券票面利率高于发行时的市场利率。

（2）折价发行。债券票面利率低于发行时的市场利率。

（3）平价发行。债券票面利率与发行时的市场利率相同。

债券溢价或折价发行时，必须在发行期内摊销完毕。

A公司2020年的全年毛收入为950万元，正常扣除的费用额为150万元，在营运资金短缺350万元的情况下，发行债券和发行股票两种筹集资金的方式哪个更好（假设债券年利率为19%，所得税税率为25%）？

发行债券的筹资方式：

应税所得额＝950万元－150万元－（350万元×10%）＝765万元。

应纳所得税额＝765万元×25%＝191.25万元。

发行股票的筹资方式：

应税所得额＝950万元－150万元＝800万元。

应纳所得税额＝800万元×25%＝200万元。

通过上述计算对比可知，采用发行债券的方式筹集资金可比采用发行股票的方式筹集资金少缴纳8.75万元（200万元–191.25万元）税款。

**租赁融资的纳税筹划**

租赁是让渡资产使用权而获得报酬的一种经营活动，租赁在实务中可分为经营租赁和融资租赁（租赁融资）两种方式。

在企业所得税方面，经营租赁租入固定资产发生的租赁费用，按照租赁期限均匀扣除；融资租赁租入固定资产发生的租赁费用不得直接扣除，但按照会计制度规定计提的融资租入固定资产的折旧费可分期扣除。

A公司因生产需要，必须配备一台价格为1000万元的车床设备，当使用寿命五年到期时，预计净残值为0。公司负责人要在租赁和购买两种方式上做选择：如果租赁，租期为五年，每年支付240万元租金；如果购买，需向银行全额贷款，利率为5%，还款期为五年。

租赁方式：每年支付的租金可作为成本费用扣除。

每年租金抵减应纳税额＝240万元×25%＝60万元。

五年租金抵减应纳税额＝60万元×5年＝300万元。

税后总成本＝5年×240万元–300万元＝900万元。

购买方式：每年计提的折旧额及发生的借款利息可从应纳税所得额中扣除。

每年折旧额1000万元÷5年＝200万元。

每年折旧抵减应纳税额＝200万元×25%＝50万元。

五年折旧抵减应纳税额＝50万元×5年＝250万元。

每年利息费用＝1000万元×5%＝50万元。

每年利息抵减应纳税额＝50万元×25%＝12.5万元。

五年利息抵减应纳税额＝12.5万元×5年＝62.5万元。

五年折旧和五年利息抵税＝250万元+62.5万元＝312.5万元。

税后总成本＝购买价款+五年利息费用-五年折旧和五年利息抵税额

＝1000万元+（50万元×5年）-312.5万元＝937.5万元。

通过上述两种方案的计算可知，租赁方式不仅能节约更多税款，税后总成本也更低[可节约37.5万元（937.5万元-900万元）]，还不用为机器使用到期后进行残值处理，更重要的是租赁期间的企业保养维修费用也可以让出租方承担一部分。因此，A公司应选择贷款购买的方式。

**企业间资金拆借的纳税筹划**

企业之间的资金拆借可以为企业的节税提供较为有利的条件，因为企业之间在拆借资金的利息计算上和资金回收期限方面均有较大弹性，表现为提高利息支付、冲减企业利润、抵销纳税金额，但利息的支付必须在财务制度规定范围之内。

B公司（全资子公司）拟于2020年10月1日向A公司（母公司）借款400万元，双方协议规定，借款期为一年，年利率为10%。B公司于2021年10月1日借款到期时，一次性还本付息440万元。B公司实收资本总额为500万元。已知同期同类银行贷款利率为8%，金融保险业增值税税率为7%，城市维护建设税税率为6%，教育费附加征收率为2%。

B公司当年"财务费用"账户列支A公司利息40万元，允许税前扣除的利息为20万元（500万元×50%×8%），调增应纳税所得额为20万元（40万元-20万元）。

B公司2019年利润总额为160万元，企业所得税税率为25%，不考虑其他纳税调整因素，B公司当年应纳企业所得税税额为45万元[（160万元+20万元）×25%]。

B公司支付利息40万元，A公司得到利息40万元，由于是内部交易，对 A、B 两公司的利益集团既无收益也无损失。

但是，因为 A、B 两公司均是独立的企业所得税纳税人，税法对关联企业利息费用的限制，使得 B 公司额外支付了 5 万元（20 万元 ×25%）的企业所得税税款。A 公司收取的 40 万元利息还须按照"金融保险业"税目，缴纳 7% 税率的增值税、6% 税率的城市维护建设税、2% 征收率的教辅费附加，合计多缴纳税费 3.024 万元 [40 万元 ×7%×（1+6%+2%）]。A 公司和 B 公司合计多缴纳税费 8.024 万元（5 万元 +3.024 万元）。

关联企业之间相互拆借资金是为了让企业经营更加得利，但因为缺少税务筹划，企业将额外多交不少税款。那么，如何合法、合规地采取税务筹划降低纳税额呢？

方案 1，变借款为吸收投资。

将 A 公司借款 400 万元给 B 公司，改成 A 公司向 B 公司增加投资 400 万元，B 公司就无须向 A 公司支付利息。如果 A 公司的适用所得税税率与 B 公司相同，从 B 公司分回的利润无须补缴企业所得税税款。如果 A 公司适用的所得税税率高于 B 公司，B 公司可以保留盈余不分配，A 公司也就无须补缴所得税，但 B 公司应缴纳 500 万元实收资本的印花税。

方案 2，变借款为购销。

如果 A、B 两公司存在购销关系，B 公司生产的产品作为 A 公司的原材料。当 B 公司需要资金时，A 公司可以支付预付账款 400 万元给 B 公司，等于让 B 公司获得一笔"无息"贷款，从而排除了关联企业借款利息扣除的限制。

方案 3，变借款为赊销。

如果 A 公司生产的产品作为 B 公司的原材料，A 公司可以采取赊销方式销售产品，将 B 公司需要支付的应付账款由 A 公司作为"应收账款"长期挂账，B 公司同样可以获得一笔"无息"贷款。

## 第四节　企业投资的纳税筹划

在市场经济条件下，投资在企业运营中占据着重要地位。投资可以通过购买股票或债券等形式获取增值收益，或者以固定资产或无形资产投资的形式获得利润。无论企业进行什么类型的投资，都要科学地进行投资的税收筹划，以达到效益最大化。

**股权投资的纳税筹划**

股权投资一般涉及买入股权、持有股权和卖出股权三个环节，通过买与卖的流转过程获取投资收益和转让增值。持有股权（股票）环节的税收问题如下：

（1）居民企业从其他居民企业取得的股息、红利等投资收益，属于免税收入，免征企业所得税。

（2）居民企业持有非居民企业公开发行并上市流通的股票取得的股息、红利等投资收益，一律并入应税收入计算缴纳企业所得税。

而企业转让股权（股票）的收入属于转让财产收入，应缴纳企业所得税。企业应于转让协议生效且完成股权变更手续时，确认收入的实现。转让股权（股票）收入扣除为取得该股权（股票）所发生的成本后，为股权转让所得。

A 公司和 B 公司均为中国居民企业。A 公司于 2021 年 4 月 4 日以银行存款 1200 万元投资于 B 公司，占 B 公司股本总额的 60%，拥有对 B 公司的相对控制权。B 公司 2021 年获得税后利润 500 万元。2022 年 5 月，A 公司计划将持有的 B 公司股权全部转让给 C 公司，方案有如下两种：

方案 1，B 公司先分配利润，A 公司获得分红 300 万元，再按照 1400 万元的价格转让所持有的全部 B 公司股权，股权转让过程中发生相关税费 3 万元。

方案 2，B 公司 2022 年的盈利不做分配，A 公司以 1700 万元的价格转让所持有的全部 B 公司股权，股权转让过程中发生相关税费 7 万元。

已知 A 公司 2022 年的应纳税所得额为 1000 万元。那么，A 公司应该选择哪种方案更有利于获利呢？

方案 1，

A 公司获得的 300 万元分红属于免税收入，可免征企业所得税。

A 公司应纳企业所得税 =（1400 万元 –1200 万元 –3 万元）×25%+ 1000 万元 ×25% = 299.25 万元。

A 公司税后利润 = 300 万元 +（1400 万元 –1200 万元 –3 万元）+1000 万元 –299.25 万元 = 1197.75 万元。

方案 2，

A 公司的股权转让所得应缴纳企业所得税。

A 公司应纳企业所得税 =（1700 万元 –1200 万元 –7 万元）×25%+ 1000 万元 ×25% = 373.25 万元。

A 公司税后利润 =（1700 万元 –1200 万元 –7 万元）+1000 万元 –373.25 万元 = 1119.75 万元。

通过上述计算可知，先分红后转让股权比不分红直接转让能让 A 公司的税后利润多 78 万元（1197.75 万元 –1119.75 万元），因此 A 公司应该选择方案 1。

**债券投资的纳税筹划**

债券包括金融债券、公司债券和政府债券三类。根据《企业所得税法》

的规定，企业取得的国债利息收入，免征企业所得税；企业取得的其他种类债券的利息收入，需要缴纳企业所得税。

企业转让债券，应作为转让财产，其取得的收益（损失）应作为企业的应纳税所得额计算纳税。

A 公司为中国居民企业，适用 25% 的企业所得税税率。该公司准备将闲置的 1000 万元资金对外投资，方案有如下两种：

方案 1，A 公司用 1000 万元资金购买国债，年利率为 6%，每年可获得利息 60 万元。

方案 2，A 公司将 1000 万元资金全部投入 B 公司，占 B 公司 20% 的股份，预计每年可从 B 公司税前盈利 300 万元，税后利润全部分配。

已知 B 公司在设立后被认定为国家重点扶持的高新技术企业，适用 15% 的企业所得税税率。在不考虑资本时间价值和后续增值，而只考虑税负的情况下，A 公司应该选择哪种投资方案更为合适呢？

方案 1，

企业投资国债获得的利息收入属于免税收入，无须缴纳企业所得税。则 A 公司每年获得的实际投资收益为 60 万元。

方案 2，

A 公司每年分红的税后股息为 = 300 万元 ×（1-15%）× 20% = 51 万元。

我国对居民企业之间的股息、红利采取免税法，以避免重复征税。因此，A 公司取得的 51 万元股息属于免税收入，无须补税。则 A 公司每年获得的实际投资收益为 51 万元。

通过上述计算可知，在不考虑资本时间价值和后续增值的情况下，方案 1 的税后投资收益比方案 2 多出 9 万元（60 万元 −51 万元）。

### 固定资产投资的纳税筹划

固定资产投资是企业经营生产的必要条件，有消耗才会有产出，固定资产随着时间推移会逐年折旧，最终只剩残值。因此，固定资产投资的税务筹划等于是利用固定资产折旧方法的税务筹划。具体方法已在本章第二节"折旧计算的纳税筹划"中进行了详解，在此不做赘述。

下面对固定资产投资的纳税筹划涉及的法律、法规进行详细列出，以便企业在实务操作中能准确实行。

《企业所得税暂行条例及实施细则》第三十一条第三款："提取折旧的依据和方法：1.纳税人的固定资产，应当从投入使用月份的次月起计提折旧；停止使用的固定资产，应当从停止使用月份的次月起，停止计提折旧。2.固定资产在计算折旧前，应当估计残值，从固定资产原价中减除，残值比例在原价的5%以内，由企业自行确定；由于情况特殊，需调整残值比例的，应报主管税务机关备案。3.固定资产的折旧方法和折旧年限，按照国家有关规定执行。"

《外商投资企业和外国企业所得税法实施细则》第三十三条："固定资产在计算折旧前，应当估计残值，从固定资产原价中减除。残值应当不低于原价的百分之十；需要少留或者不留残值的，须经当地税务机关批准。"

《企业所得税法》第十一条："在计算应纳税所得额时，企业按照规定计算的固定资产折旧，准予扣除。下列固定资产不得计算折旧扣除：（一）房屋、建筑物以外未投入使用的固定资产；（二）以经营租赁方式租入的固定资产；（三）以融资租赁方式租出的固定资产；（四）已足额提取折旧仍继续使用的固定资产；（五）与经营活动无关的固定资产；（六）单独估价作为固定资产入账的土地；（七）其他不得计算折旧扣除的固定资产。"

企业固定资产确需缩短折旧年限或采取加速折旧方法的，应向主管税务机关提出申请，审核批准后方可进行。

企业在为固定资产选择不同的折旧方法，并计算其带来的税收收益时，应先将计提的折旧按当时的货币资本市场利率进行贴现，在准确计算出不同折旧方法的前提下，折旧费的现值总和及节税额现值总和，并加以比较。在遵守国家相关法律法规的前提下，选择能给企业带来最大税收规避额现值的折旧方法。

**无形资产投资的纳税筹划**

在知识经济时代，无形资产在企业资产中的比重越来越大，在生产经营中的地位越来越重要，无形资产用于投资的现象越来越多，因此，对无形资产投资的税务筹划已成为企业税务筹划的重要组成部分。

无形资产投资阶段的税务筹划可以通过以下两种方法实现：

（1）利用资产评估的方法进行税务筹划。企业以无形资产对外投资前，必须进行资产评估。资产评估的方法主要有重置成本法、现行市价法、收益现值法、清算价格法。这里需要注意的是，对同一资产采用不同的评估方法，得到的结果会有不同。

目前，除中外合资企业进行股份制改造时，无形资产评估增值需征收企业所得税，其他类企业的无形资产增值不征收企业所得税。

（2）利用分享收益的方式进行税务筹划。企业以无形资产对外投资的过程中，分享收益方式的不同会影响企业营业税的缴纳。

根据《国家税务总局关于印发〈营业税税目注释〉（试行稿）的通知》的规定，以各种无形资产投资入股的行为，不属于转让行为，不属于营业税征税范围，即不征收营业税。

《国家税务总局〈关于非货币性资产投资企业所得税有关征管问题的公告〉》第一条："实行查账征收的居民企业（以下简称企业）以非货币性资

产对外投资确认的非货币性资产转让所得,可自确认非货币性资产转让收入年度起不超过连续5个纳税年度的期间内,分期均匀计入相应年度的应纳税所得额,按规定计算缴纳企业所得税。"

# 第十六章　发票的涉税风险

## 第一节　合规使用发票

发票是一切单位和个人在购销商品、提供或接受服务以及从事其他经营活动中，所开具和收取的业务凭证，是会计核算的原始依据，也是审计机关、税务机关执法检查的重要依据。

由于发票是企业列支各种成本和费用的原始凭证之一，是国家稽征税款的重要资料，而且由于发票具有记录交易过程的作用，使得发票成为税务部门纳税管理的重点。因此，对于发票的使用必须合法合规。

**不合规发票**

对于开具不合规发票，国家相关法律法规有着严格的界定和惩罚措施，企业不应越雷池一步，要谨防下列情况发生。

1. 发票抬头是其他企业

在经营中取得的发票抬头是其他企业，通常说明企业替他人承担了费用，该支出与企业收入无关，因此税前不得扣除。

但因经济活动的复杂性，实际操作中也有例外，只要有其他辅助证据能够证明取得抬头为其他企业的发票（复印件）和分割单，也可作为税前列支凭证。

《国家税务总局关于发布〈企业所得税税前扣除凭证管理办法〉的公告》第十八条："企业与其他企业（包括关联企业）、个人在境内共同接受应纳增值税劳务（以下简称应税劳务）发生的支出，采取分摊方式的，应当按照独立交易原则进行分摊，企业以发票和分割单作为税前扣除凭证，共同接受应税劳务的其他企业以企业开具的分割单作为税前扣除凭证。"

2. 发票抬头不完整

单位和个人在开具发票时，必须做到填写项目齐全，内容真实。对于抬头不完整的发票，无论在会计上还是税务上，都属于不合规发票，企业取得该类发票不能用于税前扣除

《国家税务总局关于进一步加强普通发票管理工作的通知》第八条第二款："在日常检查中发现纳税人使用不符合规定发票特别是没有填开付款方全称的发票，不得允许纳税人用于税前扣除、抵扣税款、出口退税和财务报销。对应开不开发票、虚开发票、制售假发票、非法代开发票，以及非法取得发票等违法行为，应严格按照《中华人民共和国发票管理办法》的规定处罚；有偷逃骗税行为的，依照《中华人民共和国税收征收管理法》的有关规定处罚；情节严重触犯刑律的，移送司法机关依法处理。"

3. 发票上无纳税人识别号或统一社会信用代码

《国家税务总局关于增值税发票开具有关问题的公告》第一条："自2017年7月1日起，购买方为企业的，索取增值税普通发票时，应向销售方提供纳税人识别号或统一社会信用代码；销售方为其开具增值税普通发票时，应在购买方纳税人识别号栏填写购买方的纳税人识别号或统一社会信用代码。不符合规定的发票，不得作为税收凭证。本公告所称企业，包括公司、非公司制企业法人、企业分支机构、个人独资企业、合伙企业和其他企业。"

但有两类增值税发票即便不能满足上述规定，只要是企业正常经营发

生的支出，也可以税前列支，具体如下。

（1）增值税定额发票。

（2）企业员工因公外出发生的交通费等。

此外，企业取得的 2017 年 6 月 30 日（含）以前由销售方开具的增值税普通发票，在 2017 年 7 月 1 日（含）～2017 年 12 月 31 日（含）入账报销的，即便没有纳税人识别号或统一社会信用代码，在满足其他政策要求的情况下，依然可作为有效凭证在税前列支。

4. 跨期发票

《企业所得税法实施条例》第九条："企业应纳税所得额的计算，以权责发生制为原则，属于当期的收入和费用，不论款项是否收付，均作为当期的收入和费用；不属于当期的收入和费用，即使款项已经在当期收付，均不作为当期的收入和费用。本条例和国务院财政、税务主管部门另有规定的除外。"

如果企业在当年确认成本、费用时，使用的是上年度的发票，就违反了上述权责发生制原则，该类发票不属于有效发票，不能在企业所得税税前列支。

**降低发票走逃风险**

发票走逃，是指增值税一般纳税人开具增值税专用发票后，产生了纳税义务，但是该纳税人未按照规定缴纳税款，逃跑躲避税收征管部门征税的违法行为。

税务机关通过实地调查、电话查询、涉税事项办理核查以及其他征管手段，仍对企业和企业相关人员查无下落的，或虽然可以联系到企业代理记账、报税人员等，但其并不知情也不能联系到企业实际控制人的，可以判定该企业为走逃（失联）企业。

《国家税务总局关于走逃（失联）企业开具增值税专用发票认定处理有关问题的公告》第二条第一款："走逃（失联）企业存续经营期间发生下列情形之一的，所对应属期开具的增值税专用发票列入异常增值税扣税凭证（以下简称'异常凭证'）范围。1. 商贸企业购进、销售货物名称严重背离的；生产企业无实际生产加工能力且无委托加工，或生产能耗与销售情况严重不符，或购进货物并不能直接生产其销售的货物且无委托加工的。2. 直接走逃失踪不纳税申报，或虽然申报但通过填列增值税纳税申报表相关栏次，规避税务机关审核比对，进行虚假申报的。"

实务中，对涉及走逃或者失联企业开具的发票的核实难度较大，税务机关核查期限也会拉长，若遇到供应商企业注销则更为棘手。即使能够证明是善意取得，较大金额的进项税额转出和补缴税款滞纳金也将给企业带来经济损失。因此，企业要从源头把好关，尽量杜绝收到异常发票。

**不开具发票收入的涉税风险**

不开具发票收入的涉税风险，主要来自对不开具发票收入的四个认知误区，作为企业管理者必须详细了解。

误区1，只要不开具发票，就无须申报收入。

取得未开票收入也要如实申报。一般纳税人应填写《增值税申报表附表》"未开具发票"栏次。根据税率征收率的不同填写申报表相应栏次，如"应征增值税不含税销售额（税率3%）""应征增值税不含税销售额（税率5%）"等。

误区2，只要取得进项发票都可以抵扣。

实务中，应根据企业实际发生的业务情况，判断取得的进项发票是否属于可以抵扣的进项税额。

《增值税暂行条例》第十条："下列项目的进项税额不得从销项税额中

抵扣：（一）用于简易计税方法计税项目、免征增值税项目、集体福利或者个人消费的购进货物、劳务、服务、无形资产和不动产；（二）非正常损失的购进货物，以及相关的劳务和交通运输服务；（三）非正常损失的在产品、产成品所耗用的购进货物（不包括固定资产）、劳务和交通运输服务；（四）国务院规定的其他项目。"

误区3，免征增值税项目不需要开具发票。

纳税人适用免税增值税，不可以开具增值税专用发票，但是可以按照相关规定开具增值税普通发票。对于这一点，太多企业管理者和财税工作人员没有引起重视，一定要记住"免征"不等于"免开"。

误区4，没有取得发票就不能税前列支。

《国家税务总局关于发布〈企业所得税税前扣除凭证管理办法〉的公告》第九条："企业在境内发生的支出项目属于增值税应税项目（以下简称'应税项目'）的，对方为已办理税务登记的增值税纳税人，其支出以发票（包括按照规定由税务机关代开的发票）作为税前扣除凭证；对方为依法无须办理税务登记的单位或者从事小额零星经营业务的个人，其支出以税务机关代开的发票或者收款凭证及内部凭证作为税前扣除凭证，收款凭证应载明收款单位名称、个人姓名及身份证号、支出项目、收款金额等相关信息。小额零星经营业务的判断标准是个人从事应税项目经营业务的销售额不超过增值税相关政策规定的起征点。税务总局对应税项目开具发票另有规定的，以规定的发票或者票据作为税前扣除凭证。"

《国家税务总局关于发布〈企业所得税税前扣除凭证管理办法〉的公告》第十条："企业在境内发生的支出项目不属于应税项目的，对方为单位的，以对方开具的发票以外的其他外部凭证作为税前扣除凭证；对方为个人的，以内部凭证作为税前扣除凭证。"

通过国家相应的法律规定可知，并不是没有取得发票就不能税前列支，关键是企业在操作时应注意区分各种情形。

### 非法购买增值税发票的涉税风险

企业非法购买的发票，即便通过发票查询系统查询的结果是真实发票，但发票所列示的业务并未真实发生，所以仍然是属于与取得的收入无关的支出。按照《企业所得税法》的规定，与取得收入无关的其他支出在计算应纳税所得额时，不得扣除。

这就意味着，企业用多少非法购买的发票入账，就需要在汇算清缴时调整多少纳税额。将纳税调整额乘企业适用的所得税税率，就是需要补缴的税款。

但企业非法购买发票一经被查实，绝不是只补缴税款就可以的。按照《税收征收管理法》的规定，纳税人未按照规定期限缴纳税款的，扣缴义务人未按照规定期限缴纳税款的，税务机关除责令限期缴纳外，从滞纳税款之日起，按日加收滞纳税款5‰的滞纳金。

即便将税款和滞纳金都缴了，还将面临行政处罚。根据《国家税务总局稽查局关于印发〈偷税案件行政处罚标准（试行）〉的通知》的规定，纳税人不按照规定取得、开具发票的，处以偷税数额1倍以上3倍以下的罚款。

如果因非法购买发票导致偷税的数额达到一定标准，还会上升到刑事处罚。根据《刑法修正案（七）》的规定，纳税人采取欺骗、隐瞒手段进行虚假纳税申报或者不申报，逃避缴纳税款数额较大并且占应纳税额10%以上的，处三年以下有期徒刑或者拘役，并处罚金；数额巨大并且占应纳税额30%以上的，处三年以上七年以下有期徒刑，并处罚金。

## 第二节　不可以开具增值税专用发票的情况

一般情况下，纳税人发生销售行为，都可以向购买方开具增值税专用发票。一般纳税人可以自行开具，小规模纳税人可以到税务机关开具。但是，是否只要发生销售业务，都可以向购买方开具增值税专用发票呢？答案是否定的，看看下面的两种情况。

**"营改增"的政策规定**

《营业税改征增值税试点实施办法》第三十三条："有下列情形之一者，应当按照销售额和增值税税率计算应纳税额，不得抵扣进项税额，也不得使用增值税专用发票：（一）一般纳税人会计核算不健全，或者不能够提供准确税务资料的。（二）应当申请办理一般纳税人资格认定而未申请的。"

《营业税改征增值税试点实施办法》第五十三条："纳税人发生应税行为，应当向索取增值税专用发票的购买方开具增值税专用发票，并在增值税专用发票上分别注明销售额和销项税额。属于下列情形之一的，不得开具增值税专用发票：（一）向消费者个人销售服务、无形资产或者不动产。（二）适用免征增值税规定的应税行为。"

根据《国家税务总局关于营业税改征增值税试点期间有关增值税问题的公告》第二条："纳税人销售自己使用过的固定资产，适用简易办法依照3%征收率减按2%征收增值税政策的，可以放弃减税，按照简易办法依照3%征收率缴纳增值税，并可以开具增值税专用发票。"

**房地产开发销售**

《国家税务总局关于发布〈房地产开发企业销售自行开发的房地产项目增值税征收管理暂行办法〉的公告》第十七条:"一般纳税人销售自行开发的房地产项目,其2016年4月30日前收取并已向主管地税机关申报缴纳营业税的预收款,未开具营业税发票的,可以开具增值税普通发票,不得开具增值税专用发票。"

《国家税务总局关于发布〈房地产开发企业销售自行开发的房地产项目增值税征收管理暂行办法〉的公告》第十八条:"一般纳税人向其他个人销售自行开发的房地产项目,不得开具增值税专用发票。"

《国家税务总局关于发布〈房地产开发企业销售自行开发的房地产项目增值税征收管理暂行办法〉的公告》第二十四条:"小规模纳税人销售自行开发的房地产项目,其2016年4月30日前收取并已向主管地税机关申报缴纳营业税的预收款,未开具营业税发票的,可以开具增值税普通发票,不得申请代开增值税专用发票。"

《国家税务总局关于发布〈房地产开发企业销售自行开发的房地产项目增值税征收管理暂行办法〉的公告》第二十五条:"小规模纳税人向其他个人销售自行开发的房地产项目,不得申请代开增值税专用发票。"

**其他情况汇总**

《国家税务总局关于修订〈增值税专用发票使用规定〉的通知》第十条第二款、第四款:"商业企业一般纳税人零售的烟、酒、食品、服装、鞋帽(不包括劳保专用部分)、化妆品等消费品不得开具专用发票。销售免税货物不得开具专用发票,法律、法规及国家税务总局另有规定的除外。"

《国家税务总局关于商业企业向货物供应方收取的部分费用征收流转税问题的通知》第二条:"商业企业向供货方收取的各种收入,一律不得开具增值税专用发票。"

《国家税务总局关于金融机构开展个人实物黄金交易业务增值税有关问题的通知》第二条："金融机构所属分行、支行、分理处、储蓄所等销售实物黄金时，应当向购买方开具国家税务总局统一监制的普通发票，不得开具银行自制的金融专业发票，普通发票领购事宜由各分行、支行办理。"

《国家税务总局关于供应非临床用血增值税政策问题的批复》第二条："属于增值税一般纳税人的单采血浆站销售非临床用人体血液，可以按照简易办法依照6%征收率计算应纳税额，但不得对外开具增值税专用发票；也可以按照销项税额抵扣进项税额的办法依照增值税适用税率计算应纳税额。"

《国家税务总局关于发布〈出口货物劳务增值税和消费税管理办法〉的公告》第十一条第一款："出口货物劳务除输入特殊区域的水电气外，出口企业和其他单位不得开具增值税专用发票。"

《财政部 国家税务总局关于进一步明确全面推开营改增试点有关劳务派遣服务、收费公路通行费抵扣等政策的通知》第一条第（三）款："选择差额纳税的纳税人，向用工单位收取用于支付给劳务派遣员工工资、福利和为其办理社会保险及住房公积金的费用，不得开具增值税专用发票，可以开具普通发票。"

《国家税务总局关于在境外提供建筑服务等有关问题的公告》第六条："境外单位通过教育部考试中心及其直属单位在境内开展考试，教育部考试中心及其直属单位应以取得的考试费收入扣除支付给境外单位考试费后的余额为销售额，按提供'教育辅助服务'缴纳增值税；就代为收取并支付给境外单位的考试费统一扣缴增值税。教育部考试中心及其直属单位代为收取并支付给境外单位的考试费，不得开具增值税专用发票，可以开具增值税普通发票。"

《国家税务总局关于在境外提供建筑服务等有关问题的公告》第八条："纳税人代理进口按规定免征进口增值税的货物，其销售额不包括向委托方收取并代为支付的货款。向委托方收取并代为支付的款项，不得开具增值税专用发票，可以开具增值税普通发票。"

《国家税务总局关于发布〈营业税改征增值税跨境应税行为增值税免税管理办法（试行）〉的公告》第七条第一款："纳税人发生跨境应税行为免征增值税的，应单独核算跨境应税行为的销售额，准确计算不得抵扣的进项税额，其免税收入不得开具增值税专用发票。"

# 第三节　虚开增值税发票的法律风险

开具发票应当按照规定的时限、顺序、栏目，全部联次一次性如实开具，并加盖发票专用章。任何单位和个人不得有下列虚开增值税发票的行为：

（1）为他人、为自己开具与实际经营业务情况不符的发票。

（2）让他人为自己开具与实际经营业务情况不符的发票。

（3）介绍他人开具与实际经营业务情况不符的发票。

**虚开增值税专用发票的法律风险**

《发票管理办法》第三十七条："违反本办法第二十二条第二款的规定虚开发票的，由税务机关没收违法所得；虚开金额在1万元以下的，可以并处5万元以下的罚款；虚开金额超过1万元的，并处5万元以上50万元以下的罚款；构成犯罪的，依法追究刑事责任。"

《中华人民共和国刑法》第二百零五条第一款、第二款："虚开增值税专用发票或者虚开用于骗取出口退税、抵扣税款的其他发票的,处三年以下有期徒刑或者拘役,并处二万元以上二十万元以下罚金;虚开的税款数额较大或者有其他严重情节的,处三年以上十年以下有期徒刑,并处五万元以上五十万元以下罚金;虚开的税款数额巨大或者有其他特别严重情节的,处十年以上有期徒刑或者无期徒刑,并处五万元以上五十万元以下罚金或者没收财产。

单位犯本条规定之罪的,对单位判处罚金,并对其直接负责的主管人员和其他直接责任人员,处三年以下有期徒刑或者拘役;虚开的税款数额较大或者有其他严重情节的,处三年以上十年以下有期徒刑;虚开的税款数额巨大或者有其他特别严重情节的,处十年以上有期徒刑或者无期徒刑。"

《最高人民检察院、公安部关于公安机关管辖的刑事案件立案追诉标准的规定(二)》第六十一条:"虚开增值税专用发票或者虚开用于骗取出口退税、抵扣税款的其他发票,虚开的税款数额在一万元以上或者致使国家税款被骗数额在五千元以上的,应予立案追诉。"

**虚开增值税普通发票的法律风险**

《中华人民共和国刑法》第二百零五条第四款、第五款:"虚开本法第二百零五条规定以外的其他发票,情节严重的,处二年以下有期徒刑、拘役或者管制,并处罚金;情节特别严重的,处二年以上七年以下有期徒刑,并处罚金。

单位犯前款罪的,对单位判处罚金,并对其直接负责的主管人员和其他直接责任人员,依照前款的规定处罚。"

《最高人民检察院、公安部关于公安机关管辖的刑事案件立案追诉标准的规定(二)的补充规定》第二条:"虚开刑法第二百零五条规定以外的其他发票,涉嫌下列情形之一的,应予立案追诉:(一)虚开发票一百份以上或者虚开金额累计在四十万元以上的;(二)虽未达到上述数额标准,但五年内因虚开发票行为受过行政处罚二次以上,又虚开发票的;(三)其他情节严重的情形。"

**有真实交易,为什么也属于虚开**

虚开不一定都是无中生有,有些是有真实交易的,但因为是票货分离的状况或是其他企业代开的增值税发票,一样可能引发虚开风险。

1. 票货分离型虚开

狭义的票货分离,是指实际购货方不需要发票,而销售方转而将对实际购货方应开具但未开具的发票开给其他需要发票的人。比如,A公司销售货物给B公司,本应开具发票却没有开具发票,却将相应的发票开具给C公司。

广义的票货分离,是指一家企业销售不能抵扣的产品给另一家企业。比如,A公司销售一批货物给B公司,B公司购进该批货物的发票不能抵扣,但A公司给B公司开具了可以抵扣的发票。接受了发票的B公司增加了抵扣税款,A公司作为开票方却没有增加对应的应收税款,导致国家增值税税款损失。

2. 其他企业代开增值税发票

A公司从B公司购入一批货物,价税合计1 550万元,其中增值税税款为150万元,但专用发票是由C公司开具给A公司的。A公司老板认为有真实的采购行为,并且代开的增值税专用发票也是如实记录的,并没有虚构交易的数量、金额和品名,同时开具发票的C公司也缴了税。

即便A公司老板认为的每一样都挺合理,但A公司的做法仍然触犯了法律,因为抵扣方没买货而作出了抵扣行为,实则是在逃税。税务机关并不会割裂环节看问题,而是从开票方、销售方、物流方等各环节多角度看问题。

# 第十七章 合同的涉税风险

## 第一节 合同的风险防范

合同跟法律关系紧密。所以企业在签署重要合同之前,应该请专业律师给把关,在确保合同合法的前提下,为己方争取更多的利益的同时,有效避免相关的法律风险。

**合同主体与合同条款的隐藏风险**

"营改增"之后,服务提供方为增值税一般纳税人,服务提供方缴纳的增值税可以作为进项税额被服务接受方用来抵扣,因此对合同双方名称的规范性要求很高。

服务接受方需要把企业的名称、纳税人识别号、地址、电话、开户行账号信息主动提供给服务提供方,用于服务提供方开具增值税专用发票。

签订合同时要明确合同标的额是否包含增值税,服务接受方应主动和服务提供方协商约定其他税费的承担方式,避免在实务中出具非贸易项下付汇证明时可能出现的困难。

向境外支付服务费时,服务接受方和服务提供方要约定城市维护建设税、教育费附加、增值税、所得税的承担方。对于代扣代缴义务涉及税款的合同条款,应及时进行更新,以反映"营改增"之后境内服务接受方不同的代扣代缴义务。

除了明确签订合同主体及相关税费的承担主体外，以避免合同风险的出现。合同条款更是隐藏风险的"重灾区"，因为合同往往很长，涉及经营活动的方方面面，稍不注意可能就会在某项上留下风险的隐患。而且，服务接受方与服务提供方虽然是合作关系，但同时也是竞争关系，都希望己方能获得更多的利益，"私凭文书官凭印"，能将己方利益体现在合同中，是最佳方式。因此，如果不对合同的条款认真分析研究，不对合同的签订抱有万分小心，极可能在合同中留有让己方遭受重大损失的可能。

但是，鉴于篇幅的关系，本书也并非讲述合同的签署，因此不能详细列出各项合同条款可能潜藏的风险隐患。我们仅举出两个特别容易引发风险的合同条款，希望企业管理者能引以为戒。

（1）为确保采购方取得增值税专用发票，必须在合同条款中增加"取得合规的增值税专用发票后才支付款项"的条款，具体为：

"……采购总额为不含税（　　）元，供货方须在货物交付后（　　）日内向我方提供增值税专用发票。供货方提供的增值税专用发票经我方审核无误、履行付款审批流程后，我方即按增值税专用发票表明的银行账户向供货方支付货款。供货方未能按我方要求提供增值税专用发票的，应承担合同总额（　　）%的违约金；供货方未能将增值税专用发票送交我方，且无法提供我方已签收证据，使增值税专用发票逾期无法认证的，造成的损失由供货方全额赔偿，我方有权从应付货款中直接扣除……"

（2）为防止供货方提供或购买虚假的增值税专用发票，必须在合同条款中增加"虚开增值税专用发票责任"的条款，具体为：

"……供货方应向我方提供真实合规的增值税专用发票，并准确填写增值税专用发票的开票信息。因供货方开具的增值税专用发票不合法或涉嫌虚开增值税专用发票或增值税专用发票填写错误，造成我方增值税扣税凭证损失的，由供货方全额赔偿，且不免除供货方重新开具合法增值税专用发票的义务……"

**纳税义务发生时间的涉税条款设计**

纳税义务发生时间，是指纳税人依照税法规定负有纳税义务的时间。既为了明确纳税人承担纳税义务的具体日期，也有利于税务机关实施税务管理。

由于纳税人的某些应税行为和取得应税收入在发生时间上不尽一致，为正确确定税务机关和纳税人之间的征纳关系和应尽职责，税法对纳税义务发生时间都作了明确规定：

（1）按照服务性业务收入额计税的，包括交通运输、建筑安装、邮政电信、金融保险、公用事业等行业，均为取得营业收入的当天。

（2）按照工业产品或商品销售收入额计税的，凡采用托收承付结算方式的，为收到货款的当天或办妥委托银行收款的当天。

（3）按照工业产品或商品销售收入额计税的，采用其他结算方式的，为商品发出的当天。

（4）按照应税农、林、牧、水产品采购金额计税的，为结付收购货款的当天。

（5）按照应税农、林、牧、水产品实际销售收入额计税的，为成交的当天。

（6）在进口环节纳税的，为报关进口的当天。

（7）在特定环节纳税的，应分别视情况而定。

**合同设计与发票开具相匹配**

"营改增"之后，不同业务与行业适用税率的差异变大了，很多企业在开展业务和签订合同时，人为签订更低的适用税率或开具不同税率的发票，但增值税的缴纳不仅与行业有关，也与相关政策有关。

A 公司在销售机器设备的同时，提供安装服务。但在签订合同时未对设备销售金额和安装金额分别体现，而是合并签订为金额条款"销售×××机器设备并负责安装，销售金额为 100 万元（提供正规有效的发票）"。

A 公司在开具发票时却分别罗列出销售金额和安装金额：

（1）机器设备金额 68.97 万元，税金 11.03 万元（68.97 万元 ×16%），合计 80 万元；

（2）安装服务费用 19.42 万元，税金 0.58 万元（19.42 万元 ×3%），合计 20 万元。

A 公司这样的做法就是合同设计与发票开具不匹配，不仅会引发合同风险，还会引发税务风险。

正确的做法是，一般纳税人销售资产机器设备的同时提供安装服务，应分别计算机器设备金额和安装服务费用，安装服务可以按照加工工程选择适用简易计税方法计税。如果一般纳税人是销售外购机器设备的同时提供安装服务，也应按照兼营的有关规定分别核算机器设备金额和安装服务费用，安装服务可以按照加工工程选择适用简易计税方法计税。

通过上述分析可知，A 公司在销售机器设备时，安装部分若要享受简易计税，必须分别核算（会计处理上和合同签订同时）。即 A 企业在签订合同时，将机器设备金额与安装服务费用分别体现，"销售×××机器设备并负责安装，销售金额为 80 万元，安装服务费用为 20 万元（提供正规有效的发票）"。

## 第二节　合同履行过程中的法律风险

合同签署的风险并非全在签署之前，在签订之后的履行过程中同样会有发生风险的可能。因为合同的履行过程会有许多不能确定的因素，双方都可能会对合同进行变更。

**法定条件或者合作方违约**

在合同履行过程中，如果出现了法定应该终止合同的条件时，应该及时终止合同，避免继续执行合同引发的更大损失。

在合同履行过程中，出现对方丧失履行能力或者对方出现其他可能违约情形，必然会对履行合同的另一方造成经济损失。

当法定条件或者合作方违约的情形出现后，要懂得利用法律武器保护自己的合法权益。是否可以中止合同的履行或解除合同，需要结合实际情况而定。

可以中止履行的条件，《民法典》第五百二十七条第一款："有确切证据证明对方有下列情形之一的，可以中止履行：（一）经营状况严重恶化；（二）转移财产、抽逃资金，以逃避债务；（三）丧失商业信誉；（四）有丧失或者可能丧失履行债务能力的其他情形。"

解除合同的条件，《民法典》第五百六十三条："有下列情形之一的，当事人可以解除合同：（一）因不可抗力致使不能实现合同目的；（二）在履行期限届满前，当事人一方明确表示或者以自己的行为表明不履行主要债务；（三）当事人一方迟延履行主要债务，经催告后在合理期限内仍未履行;(四)当事人一方迟延履行债务或者有其他违约行为致使不能实现合同目的;(五)法律规定的其他情形。"

### 约定合同标的发生变更

合同标的发生变更,有以下两种情况:

(1)合同标的发生变更,可能涉及混合销售、兼营的风险,需要关注发生的变更是否对本企业有利。必要时,可在合同中区分不同项目的价款。

(2)合同变更如果涉及采购商品品种、价款等增值税专用发票记载项目,则应当约定:①重开。收票方取得增值税专用发票尚未认证抵扣,则由开票方作废原发票,重新开具增值税专用发票;②补开。如果原增值税专用发票已经认证抵扣,则由开票方就合同增加的金额补开增值税专用发票,就合同减少的金额开具红字增值税专用发票。

### 合同违约的解决方式

合同违约的解决方式有以下四种:

(1)继续履行。合同义务没有履行或者履行不符合约定的,守约方可以要求违约方按照合同约定继续履行,直至达到合同目的。

(2)补救措施。标的物品质不符合合同约定的条件,在不需继续履行而只需采取适当补救措施时,即可达到合同目的或守约方认为满意的目的。

(3)支付违约金。合同各方在合同中约定的一方或几方违约时,违约方要支付给守约方一定数额的货币,以弥补守约方损失的同时兼有惩罚违约行为作用的违约责任方式。

(4)支付赔偿金。合同各方在合同中约定的一方或几方因违约给对方造成实际损害的,按实际损害数额给予赔偿的责任承担方式。

## 第三节 通过合同合理避税

合法合规的合同,不仅有约束签订各方履行合同义务的作用,还可以通过合同中的一些约定进行合理避税。

**巧签合同降低税负**

A 物业公司将一幢商业门面房对外出租,与承租方签订房屋租赁合同,一年租金 1000 万元(含物业费 120 万元),每年一次性收取。在不考虑其他税费的情况下,税费共计 170 万元:

房屋增值税税额 = 1000 × 5% = 50 万元;

房产税税额 = 1000 × 12% = 120 万元。

如果重新签订合同,A 物业公司对外出租商业门面房的年租金仍是 1000 万元(含物业费 120 万元),合同签订时将房屋租赁和物业费承担分别签订,即签订房屋租赁合同,一年租金 880 万元,每年一次性付清;签订物业管理合同,一年物业费 120 万元,每年一次性付清。在不考虑其他税费的情况下,税费共计 156.8 万元:

房租增值税税额 = 880 × 5% = 44 万元;

物业费增值税税额 = 120 × 6% = 7.2 万元;

房产税税额 = 880 × 12% = 105.6 万元。

两次签订的合同都是在如实守法的情况下,后者却比前者节税 13.2 万元。企业出租房屋时,会附带房屋内部或外部的一些附属设施及配套服务,税法对这些附属设施和配套服务并不征收房产税,因此不要不加区别地都写进一张租赁合同里，为企业增加不必要的税负。

### 通过合同改变业务模式节税

通过合同改变业务模式节税必须遵循两个原则：

（1）合同与账务税务处理相匹配，否则要么是假账，要么是错账。

（2）合同与发票开具相匹配，否则要么是虚开发票，要么是假票。

A公司在2021年7月发生的销售业务三类，货款共计3000万元。其中，第一笔1000万元，现金结算；第二笔2000万元，一年后收款。

A公司全部采取直接收款方式的合同，于是在当年全部计算销售额，计提销项税额为390万元（3000万×13%）。

建议根据收款形式改变签订合同。具体做法是：对未收到的2000万元，通过与购买方签订赊销和分期收款的合同，约定一年后的收款日期，就可以延缓一年的纳税时间。

A公司2021年只需缴纳增值税税额＝1000万元×13%＝130万元。

A公司2022年再需缴纳增值税税额＝2000万元×13%＝260万元。

采用赊销和分期收款方式，可以为企业在当年节约大量的流动资金。A公司可以将当年节约的260万元税款进行一些生产投资或债券、股票投资，以此获取利润。

# 后记

历时一年时间,终于完成了本书的编写,过程中有轻松,有辛苦,有顺利,有棘手,有清晰。

之所以轻松、顺利、清晰,是因为从事企业财务税务管理规划工作多年,积累了深厚的实操经验,对于内容的编写可以做到结构分明、逻辑严谨、浅入深出、与时俱进。

而辛苦、棘手也是因为从事企业财务税务管理规划工作多年,见到了太多因为财税管理失当导致企业走进死路,因此想要为读者呈现更有翔实性、严密性、延展性和时效性的内容。

当写作的要求提高了,写作的难度也随之提升,写作的时长也就拉长了。原本计划两个多月完成的书稿,实际用时整整翻倍。其间不仅将自己多年工作的记录、经验经过淬炼之后融合进书稿中,还将大量相关领域的经典方法、经典案例进行更符合实际需要的改编后融合进书稿中,此外也借鉴了同类经典书籍的零星内容进行融汇补充,力求让整本书的内容更加丰富和更为实用。虽然难称呕心沥血,却也着实煞费苦心,目的就是要让本书能够全方位体现企业管理者必须具备的财税思维与财税管理实务操作。

值得欣慰的是,在书稿完成的一刹那,我知道我写作本书的初衷实现了。本书分为上下两篇,将财务与税务分开详述,又通过一些案例的串联进行统一呈现。

企业管理涉及方方面面,但财税管理永远是核心。管不好财税,逃不掉以下四种状态：

制度设定再健全的企业也只是穿上了"皇帝的新衣"——制度起不到作用。

盈利模式再先进的企业也等于是"捧着金饭碗要饭"——盈利了却剩不下。

人性化再到位的企业也不过是"为他人做嫁衣裳"——留住心也难留住人。

薪酬待遇再好的企业也终究是"虚假的繁荣"——将留下满目疮痍的废墟。

所以，经营企业必须要重视财税管理，管理企业必须要用到财税思维，发展企业必须要依赖财税政策。这也是我必须要完成本书的使命，为所有企业管理者带来经营管理企业必不可少的财务与税务的全面思维与综合素养。

作为一名优秀的老板，必须注重财税思维的培养和提升，将财税思维、财税管理、财税政策与实际经营、战略规划紧密结合，推动企业向顶峰进发。

最后，祝愿阅读本书的你，能够快速具备财税思维，快速运用财税思维，快速健全财税思维，快速升级财税思维。